서철원 박사 교의신학

VII

종말론
—
창조경륜의 궁극적 성취

Consummatio Consilii Creationis

인류역사의 목표는 창조경륜의 궁극적 성취이다. 마지막 때에 창조경륜이 완전히 성취된다.
하나님은 그리스도의 피로 회복된 백성 가운데 오셔서
충만히 거주하시므로 만유 안에 만유가 되신다.
새 인류가 하나님을 모시고 살며 영원히 찬송과 경배를 바쳐드린다.

서 절 원

Eschatologia

쿰란출판사

* 이 책은 특허법에 의해 보호받는 저작물이므로 복사하거나 복제 또 전자복사 저장하는 것을 일체 불허함. 단지 인용은 허용함.
* 이 책에 인용된 성경은 한글개역판임.

종말론 – 창조경륜의 궁극적 성취
서철원 박사 교의신학 Ⅶ

1판 1쇄 발행 _ 2018년 4월 30일
1판 3쇄 발행 _ 2024년 3월 5일

지은이 _ 서철원
펴낸이 _ 이형규
펴낸곳 _ 쿰란출판사
기　획 _ 창조경륜사

주소 _ 서울특별시 종로구 이화장길 6
편집부 _ 745-1007, 745-1301~2, 747-1212, 743-1300
영업부 _ 747-1004, FAX 745-8490
본사평생전화번호 _ 0502-756-1004
홈페이지 _ http://www.qumran.co.kr
E-mail _ qrbooks@gmail.com / qrbooks@daum.net
한글인터넷주소 _ 쿰란, 쿰란출판사
등록 _ 제1-670호 (1988.2.27)
책임교열 _ 최진희·김영미

ⓒ 서철원 2018　ISBN 979-11-6143-134-5 94230
　　　　　　　　　 979-11-6143-135-2 (세트)

책값은 뒤표지에 있습니다.
이 출판물은 저작권법에 의해 보호를 받는 저작물이므로 무단 복제할 수 없습니다.
파본 (破本)은 구입처에서 교환해 드립니다.

서철원 박사 교의신학

종말론
ㅣ
창조경륜의 궁극적 성취

머리말

종말론은 역사의 마지막 때의 일들을 다루는 신학이어서 사변이 많이 발생하는 영역이다. 아마도 마지막 때의 일들을 제시하는 계시록이 상징적인 언어로 쓰였기 때문일 것이다.

창세기부터 계시록까지 성경은 일관된 목표로 진행하고 있다. 하나님은 창조경륜을 이루시기 위해서 구원사역을 이루시고 역사를 진행하신다. 첫 인류가 언약을 맺어 하나님의 백성으로 세워져서 하나님을 잘 섬기다가 유혹자의 유혹을 받아 하나님을 반역하였다. 이후 하나님은 반역한 백성을 돌이켜 다시 자기의 백성으로 삼으시기로 하셨다. 그런데 반역한 백성을 돌이켜 하나님의 백성으로 삼으려면 반역죄를 무효화해야 했다.

반역한 백성을 다시 자기의 백성으로 삼기 위해 하나님은 대신 속죄의 방식으로 구원하기로 하셨다. 아담의 후손은 다 반역자들이므로 아무도 죗값을 갚을 수 없으므로 하나님이 대신 갚기로 하셨다. 하나님이 사람이 되시어 사람의 자리에 오시기 위해 하나님은 백성을 마련하시고 그 백성에게 대신 속죄제사법을 가르치셨다. 그리고 때가 차매 하나님이 사람이 되어 오셔서 대신 죗값을 갚으시므로 인류를 구원하여 하나님의 백성으로 돌이키셨다. 이렇게 하나님은 그의 창조경륜을 성취하신다.

백성 회복의 완성이 종말에 이루어진다. 종말론은 하나님의 창조경륜의 완성을 다루는 신학이다. 창조경륜의 완성은 주 예수 그리스도가 자신의 구원을 온 인류에게 적용하므로 이루신다. 모든 역사는 창조경륜으로 시작하고 그 경륜의 성취로 완성된다.

따라서 창조경륜 성취와 무관하게 별도의 천년기론은 성립할 수 없다. 창조경륜 성취로 역사가 마감되기 때문이다.

고대교회의 천년기론은 유대주의의 꿈이 교회로 들어오므로 생겨났다. 19세기에 일어난 세대론 천년왕국 사상은 적그리스도 세력에 의해 세워질 세계단일정부를 그리스도교적으로 번안한 것으로 보인다. 그리스도가 피 제사를 회복시키고 유대인들이 세계를 지배하는 세력이 되는 천년왕국은 현재 진행되고 있는 세계단일정부와 아무런 차이가 없다. 그런 왕국은 그리스도가 결코 세우시지 않는다.

책을 교정해준 아내와 출판을 후원해주신 한기승 목사, 소강석 목사와 무명으로 도우신 분에게 깊은 감사를 표한다. 출판을 맡아준 쿰란출판사의 대표에게도 감사를 표한다.

2018년 3월 5일
저자 서철원

차 례

머리말 … 4

제1장　　　　　　　　　　　　　　　서론

- 1.1. 정의 …………………………………………………… 26
- 1.2. 역사의 목표 …………………………………………… 27
- 1.3. 그리스도의 재림 ……………………………………… 27
- 1.4. 종말시대 ………………………………………………… 27
- 1.5. 재림의 징조들 ………………………………………… 28
- 1.6. 공교회의 종말 도식 …………………………………… 28
- 1.7. 영원세계에서의 삶 …………………………………… 29
- 1.8. 천년왕국의 문제 ……………………………………… 29

제2장　　　　　　역사의 목표: 창조경륜의 성취

제1절 하나님은 창조경륜을 이루시려고 역사를 시작하심 ………… 32
- 2.1.1. 언약체결로 역사를 시작 …………………………… 32
- 2.1.1.1. 창조경륜 ……………………………………… 32
- 2.1.1.2. 사람을 인격체로 창조하심 ………………… 32

	2.1.1.3.	언약체결 33
	2.1.1.4.	언약백성의 삶 34
	2.1.2.	반역이 역사의 흐름을 그르침 35
	2.1.2.1.	언약백성으로 삶 35
	2.1.2.2.	선악 결정을 스스로 하는 자주자가 되라는 유혹 ... 35
	2.1.2.3.	선악 결정을 스스로 하는 자주자가 되기로 정함 ... 36
	2.1.2.4.	반역을 결행함 36
	2.1.2.5.	죽음과 저주의 선언 37
	2.1.2.6.	사형집행을 유예하심 38
	2.1.3.	반역을 무효화하여 창조경륜을 이루기로 하심 ... 38
	2.1.3.1.	구원 작정을 밝히심 38
	2.1.3.2.	죗값 지불로 반역죄를 무효화하기로 정하심 39
	2.1.3.3.	하나님이 피 흘림으로 죗값을 지불하기로 정하심 39
	2.1.3.4.	긴 준비의 기간 40
	2.1.3.4.1.	한 민족을 조성 40
	2.1.3.5.	하나님이 실제로 구원을 이루심 41
	2.1.3.6.	성령으로 구원을 온 인류에게 전파하심 41
제2절	창조경륜을 다 이루심..42
	2.2.1.	온 인류 종족 중에서 백성들을 모으심 42
	2.2.2.	역사의 마감: 창조경륜의 성취; 하나님이 백성 가운데 충만히 거주... 42

제3장   다시 오심의 목적

제1절	그리스도가 교회로 복음전파를 계속하게 하심 46
제2절	자유주의 신학: 복음선포의 절박성을 완전 부정함 47
제3절	복음전파를 막는 세력들 48

제4절 백성을 다 모음으로 역사가 마감됨 49
　　　　3.4.1.　역사의 완성: 백성 가운데 하나님의 충만 임재 ... 49

제4장　　　　　　　　　종말과 종말시대

제1절　역사의 시작 52
제2절　역사상의 첫 큰 사건: 반역 52
제3절　두 번째 큰 사건: 반역한 백성을 구원하심 53
제4절　구원사역: 종말론적 사건 54
제5절　구속사역으로 하나님의 충만 임재 54
제6절　중간시대: 종말시대 55
제7절　죄용서와 칭의: 종말론적 사건 55
제8절　성령 받음: 종말론적 사건 55
제9절　종말시대: 종말의 새 생명이 들어옴으로 56
제10절 그리스도의 구원 사건: 종말론적 사건 57
제11절 역사의 종말: 구원의 완성 57

제5장　　　　　　　　　주의 다시 오심의 징조들

5.0.1.　마지막 날의 징표들을 제시 60
5.0.2.　그리스도가 재림의 징표를 알림 61
5.0.3.　마지막 날은 지목되지 않았음 61
5.0.4.　적그리스도의 출현, 전 세계적인 복음선포, 배도, 천체의 요동 62
5.0.5.　바울의 제시: 배도와 멸망의 아들의 출현 63
5.0.6.　사도 요한의 제시: 적그리스도의 출현, 배도, 환란 63

제1절　전 세계적인 복음선포 64
- 5.1.1.　베드로의 첫 복음선포 64
- 5.1.1.1.　첫 복음선포에 핍박이 따라옴 65
- 5.1.2.　복음선포가 이방인들에게로 확대됨 65
- 5.1.3.　바울의 본격적인 이방인 전도 65
- 5.1.3.1.　로마제국의 복음화 66
- 5.1.4.　유럽의 복음화 66
- 5.1.4.1.　가톨릭의 전도 확장 66
- 5.1.5.　종교개혁교회의 전 세계적 전도 67
- 5.1.6.　복음전파의 방해자들 68

제2절　전 세계적인 배도 68
- 5.2.1.　배도의 첫 단계: 슐라이어마허가 신학을 완전 변조 69
- 5.2.1.1.　이성으로 신학을 다시 세움 69
- 5.2.1.2.　하나님을 순전한 의존 감정의 표현으로 정의 70
- 5.2.1.3.　예수 그리스도는 한낱 인간일 뿐 70
- 5.2.1.4.　구원 개념도 완전히 바꿈 71
- 5.2.2.　배도의 완성: 발트의 신학 작업 71
- 5.2.2.1.　성경을 완전히 달리 정의 72
- 5.2.2.2.　삼위일체를 계시의 세 계기로 바꿈 72
- 5.2.2.3.　하나님의 존재는 행동과 사건 73
- 5.2.3.　배도의 완성: 폴 틸리히의 존재 신학 73
- 5.2.4.　배도의 완성: 몰트만의 십자가 사건 74
- 5.2.5.　배도의 최종 완성: 로마교회의 종교다원주의 교리화 74
- 5.2.5.1.　종교다원주의의 교리화 75
- 5.2.5.2.　종교다원주의 교리의 신학적 근거 75
- 5.2.5.3.　로마교회가 이방종교가 됨 76
- 5.2.6.　이슬람과 이방종교들의 발흥 76

제3절 적그리스도의 출현과 대대적인 핍박 78
- 5.3.1. 성육신을 부정하는 적그리스도들 78
- 5.3.1.1. 복음서에 제시된 적그리스도 79
- 5.3.1.2. 사도 요한이 제시한 적그리스도 79
- 5.3.2. 신학적 적그리스도들 80
- 5.3.2.1. 배도의 시발자: 슐라이어마허 80
- 5.3.2.2. 배도의 진행자: 알브레히트 릿츌 82
- 5.3.2.3. 배도의 주동자: 칼 발트 83
- 5.3.2.4. 배도의 보편주창자: 폴 틸리히 85
- 5.3.2.5. 배도의 주동자: 불트만 86
- 5.3.2.6. 배도의 완수자: 칼 라아너 86
- 5.3.2.7. 완전 배도의 집행자: 로마교황 87
- 5.3.3. 적그리스도: 불법의 사람, 멸망의 아들 88
- 5.3.3.1. 적그리스도: 하나님의 구원의 법을 바꿈 89
- 5.3.3.2. 불법의 사람, 멸망의 아들 90
- 5.3.3.2.1. 에레나이오스의 가르침: 적그리스도가 모든 배도를 총괄 91
- 5.3.3.2.2. 개혁자들의 가르침: 적그리스도, 로마교황 92
- 5.3.3.3. 복음서의 가르침에는 적그리스도가 재림 전에 출현 ... 93
- 5.3.3.4. 요한일서의 가르침에는 적그리스도가 현재 활동 ... 94
- 5.3.4. 짐승: 적그리스도의 나라 94
- 5.3.4.1. 적그리스도의 나라 95
- 5.3.4.2. 배도한 교회 96
- 5.3.4.3. 모슬렘들의 세계 정복 계획 98
- 5.3.5. 환란, 굶주림, 전쟁 99
- 5.3.5.1. 전쟁 99
- 5.3.5.2. 굶주림 100
- 5.3.5.3. 환란 101

제4절 천체들이 흔들림 102

제6장　　　　　　　　　　마지막 날까지의 일들

제1절　모든 사람들이 죽음에 이름 104
    6.1.1.　　중간기 처소 문제 106
    6.1.1.1.　낙원은 중간기 처소가 아님 106
    6.1.1.2.　연옥은 중간기 처소로 성립하지 않음 106
    6.1.1.3.　조상 림보도 중간기 처소가 될 수 없음 107
    6.1.1.4.　유아 림보도 성립하지 않음 108
    6.1.2.　　두 번째 기회의 문제 108
    6.1.2.1.　지옥에서 한 번 더 복음을 들을 기회는 불가 ... 109
    6.1.2.2.　조건적 영생설 혹은 멸절설은 불가 109

제2절　하나님의 백성이 다 모아짐 110

제7장　　　　　　　　　　주의 다시 오심의 날

제8장　　　　　　　　　　공교회의 종말 도식

    8.0.1.　　공교회의 종말 도식의 개요 118

제1절　그리스도의 다시 오심 119
    8.1.1.　　그리스도는 반드시 다시 오신다 119
    8.1.2.　　그리스도의 다시 오심은 인류의 소망 121
    8.1.3.　　다시 오심의 목적 122
    8.1.4.　　그리스도는 몸과 인격의 동일성으로 오심 ... 124

제2절　모든 인류가 생명과 형벌로 일으켜짐 124
    8.2.0.1.　부활자들에게 영생을 주심으로 구원을 완성 ... 124
    8.2.0.2.　창조경륜의 완성 125

8.2.0.3.	주 예수를 믿기 거부한 자들은 영벌을 받음	125
8.2.1.	동일한 몸과 인격으로 부활	126
8.2.1.1.	부활체는 영체여도 몸과 인격의 동일성이 유지됨	126
8.2.1.2.	동일한 몸이어야 행한 대로 받기 때문	127
8.2.1.3.	행한 대로 받는다는 것은 주 예수를 믿었느냐 안 믿었느냐에 따라 결정되는 것을 말함	127
8.2.2.	영적 몸으로 부활	127
8.2.2.1.	죄가 제거되었으므로 영적 몸으로 부활	128
8.2.2.2.	범죄자들의 부활도 전적으로 은혜	128
8.2.2.3.	영적 부활체는 다시는 죽지 않음	129
8.2.2.4.	주의 재림 시 생존자들은 영체로 변화............	129
8.2.2.5.	부활체는 의식과 지각을 가짐	129
8.2.2.6.	형벌 받는 자들은 반역행위에 합당한 형벌 받음을 의식	130
8.2.2.7.	영생자들은 은혜로 영생과 영광 누림을 인해 감사와 찬송이 넘침..	130
8.2.3.	영원한 생명과 영원한 형벌로 부활	131
8.2.3.1.	상벌이 정해져서 부활	131
8.2.3.2.	심판의 기준: 주 예수를 믿었느냐 안 믿었느냐로	131
8.2.3.3.	믿는 자들이 영원히 하나님을 섬김	132
8.2.3.4.	새 인류는 영원히 하나님을 찬양하고 경배	133
8.2.3.5.	불신자들도 영체로 부활, 영원한 형벌과 고통을 당함	133
제3절 보편부활		134
8.3.1.	믿는 자들의 부활	134
8.3.1.1.	믿는 자들은 영생과 영광을 받음	134
8.3.1.2.	믿는 자들은 하나님을 영원히 찬양하고 경배하기 위해 부활함...	135
8.3.2.	불신자들: 영벌과 고통으로 부활	136

8.3.3.	모든 인류는 죽을 때 정해진 대로 부활함 ……	137

제4절 영원한 삶은 창조주와 구속주의 찬양과 경배로 이어짐 …… 137

8.4.1.	하나님 찬양과 경배가 영원히 지속됨 …………	137
8.4.2.	새 인류의 영원한 거소는 새롭게 된 땅 ………	138
8.4.2.1.	변환된 새 창조가 새 인류의 거소 ……………	138
8.4.2.2.	하나님이 새 인류에게 충만 임재 ………………	139
8.4.3.	새 인류의 거소는 그냥 새 땅이 아니라 예루살렘성임	139
8.4.4.	하나님의 충만한 임재를 모시고 삶 ……………	140
8.4.4.1.	이스라엘 가운데 하나님의 임재는 충만 거주의 준비	140
8.4.4.2.	하나님이 교회에 임재하심도 충만한 거주 준비	142
8.4.4.3.	부활한 새 백성 가운데 하나님이 충만 거주……	142
8.4.4.4.	영적 몸이 신이 되는 것은 불가 ………………	143
8.4.4.5.	영원세계에서도 하나님 지식은 계시로 받음 …	144
8.4.5.	새 인류는 자연 순환법으로 아니고 하나님의 생명으로 삶…………………………………………	145
8.4.5.1.	지금은 별빛으로 삶 ……………………………	145
8.4.5.2.	영원세계에서는 하나님의 영광의 빛으로 삶 …	145
8.4.5.3.	하나님의 생명으로 살므로 자연 순환법으로 살지 않음 ………………………………………………	145
8.4.5.4.	영원한 생명은 전적으로 은혜 …………………	146
8.4.5.5.	저주가 해제된 것도 영생의 조건 ………………	147
8.4.6.	하나님을 섬김과 날마다의 삶이 하나가 됨 ……	147
8.4.6.1.	낙원에서 아담은 창조주를 찬양하고 경배하였음	147
8.4.6.2.	범죄 후에는 안식일이나 주일 하루만 하나님 섬김	148
8.4.6.3.	영원세계에서 사람의 삶은 끊임없는 찬양과 경배임	148
8.4.7.	영원세계에서도 창조의 탐구가 날마다의 삶 …	149
8.4.7.1.	범죄 후에는 하나님의 창조세계를 바르게 탐구할 수 없었음………………………………………………	149

	8.4.7.2.	그리스도의 구속사역이 창조 탐구에 새 문을 엶	151
	8.4.7.3.	새 인류는 변화된 지성으로 하나님의 창조를 영구히 탐구	151
	8.4.8.	영원세계에서 구속받은 자들이 누릴 상급	152
제5절	만유의 회복		154
	8.5.1.	저주가 걷히므로 만유가 회복됨	155
	8.5.1.1.	인류의 범죄로 죽음과 저주가 온 누리에 임함	155
	8.5.1.2.	그리스도의 피 흘림으로 창조경륜의 성취	156
	8.5.1.3.	경륜성취 시 저주를 거두심	157
	8.5.2.	만유의 회복에 인류의 문화업적이 포함됨	157
	8.5.3.	마지막 날 하나님이 새 인류에게 충만히 거주하심	158
	8.5.3.1.	대신 죗값 지불로 죄용서	158
	8.5.3.2.	백성 모으심이 성취됨	159
	8.5.3.3.	하나님의 충만 임재가 완성됨	159
	8.5.4.	선택된 천사들이 하나님을 영원히 찬양하기 위해서 구속받은 백성에 가담함	160
	8.5.5.	사탄과 그 무리들의 처음 상태로 회복의 문제	160
	8.5.5.1.	시작과 마침은 같다는 것	161
	8.5.5.2.	인류의 회복	161
	8.5.5.3.	사탄과 그 무리들이 원상으로 회복됨의 문제	161
제6절	새 땅이 새 인류의 거소		162
	8.6.0.1.	그리스도의 피로 깨끗하게 된 새 땅	162
	8.6.1.	첫 창조에서 하나님은 언약백성이 사는 땅에 오셨다	162
	8.6.1.1.	하나님이 에덴동산에 오심	163
	8.6.1.2.	범죄한 백성에게로 다시 오심	163
	8.6.2.	하나님이 사람이 되어 오셔서 피 흘리심으로 범죄한 백성을 회복한 곳이 이 땅이다	163
	8.6.2.1.	성령이 구속된 백성과 함께 영구히 거주하심	164
	8.6.3.	구속 완성 시 하나님이 새 인류와 함께 사실 것임	164

8.6.4.	땅을 우주의 가운데에 두신 뜻	165
8.6.4.1.	땅을 우주의 가운데 설치	165
8.6.4.2.	구속받은 백성이 하나님의 창조를 탐구하여 찬양함	165

제7절 믿지 않는 자들은 영원한 형벌의 고통으로 삶 166

8.7.1.	첫 반역죄와 복음을 끝까지 거절하였으므로 죽음과 영원한 형벌이 마땅함	166
8.7.2.	믿지 않는 사람들은 영원한 불의 형벌을 받음	166
8.7.3.	영원한 형벌에서는 아무런 소망이 없다	167

제8절 사탄과 그 무리들은 영원한 고통을 당함 167

제9장 천년기론의 문제

9.0.1.	천년기론이 교회에 일어남	171
9.0.2.	천년기론 배척과 공교회의 종말 도식 확정	171
9.0.3.	천년왕국 사상이 분파들에게 남음	172

제1절 계시록의 천년의 문제 173

9.1.1.	상징적인 언어들을 성경이 스스로 해석	173
9.1.1.1.	일곱 촛대: 일곱 별	174
9.1.1.2.	일곱 등불	174
9.1.1.3.	일곱 눈	174
9.1.1.4.	큰 성	175
9.1.1.5.	성전	175
9.1.1.6.	붉은 용, 옛 뱀	175
9.1.1.7.	음녀	176
9.1.1.8.	어린양의 아내	176
9.1.1.9.	세마포	176
9.1.2.	상징적 숫자	177
9.1.2.1.	10일 동안	177

9.1.2.2.	일곱 영		178
9.1.2.3.	24 장로		178
9.1.2.4.	일곱 인		178
9.1.2.5.	144,000		178
9.1.2.6.	일곱 천사: 일곱 나팔		179
9.1.2.7.	2만만의 마병		179
9.1.2.8.	42달: 1,260일		180
9.1.2.9.	한 때와 두 때와 반 때		180
9.1.2.10.	666		180
9.1.2.11.	일곱 재앙, 일곱 대접		181
9.1.2.12.	1,000년		181

제2절 교부들과 종교개혁자들의 천년왕국 이해 …… 181

9.2.1.	오리게네스의 가르침	182
9.2.1.1.	부활한 몸은 신령한 몸: 육적 욕망 없어짐	182
9.2.1.2.	포도주, 다섯 고을: 진리와 지혜의 음식	183
9.2.1.3.	나라들의 나뉨, 제사직, 경절들을 알게 됨	183
9.2.1.4.	영혼의 본성과 동물들을 알게 됨: 타락한 천사들도 알게 됨	184
9.2.1.5.	모든 사물들과 천체들도 알게 됨	184
9.2.1.6.	하나님을 보는 경지에 이름	185
9.2.1.7.	부활 후에는 결혼이 없음	185
9.2.2.	콘스탄티노폴리스 신경	185
9.2.3.	아우구스티누스의 가르침	186
9.2.3.1.	천년은 주의 초림부터 재림까지의 교회기간	186
9.2.3.2.	첫 부활: 영혼의 중생	186
9.2.3.3.	두 가지 중생: 영혼의 중생과 몸의 중생	187
9.2.3.4.	두 번째 죽음: 최후 심판 후의 죽음	187
9.2.3.5.	첫 부활: 몸의 부활이 아님	188
9.2.3.6.	강한 자 결박: 마귀를 묶음	188

9.2.3.7.	천년: 온전한 교회시대	189
9.3.3.8.	무저갱에 용을 던짐: 악한 무리들에게로 던져짐	189
9.2.3.9.	인봉: 마귀에게 속한 여부를 모르게 함	189
9.2.3.10.	만국 미혹 못하게 함: 그리스도의 백성을 유혹하지 못하게 함	189
9.2.3.11.	성도들이 그리스도와 함께 다스림	190
9.2.3.12.	심판의 권세: 마지막 심판이 아님; 교회에서 다스림을 뜻함	190
9.2.3.13.	짐승: 불의한 도성	191
9.2.3.14.	천년이 차기까지 살지 못함: 마지막 심판에서 죽음에 이름을 말함	191
9.2.4.	토마스 아퀴나스의 가르침	192
9.2.4.1.	부활자들에게 음식과 성적 사용 불필요	192
9.2.4.2.	부활 후에도 사람들을 생산하면 그들은 다 썩게 됨	193
9.2.4.3.	부활자들의 삶: 완전지복 곧 하나님 직관	193
9.2.4.4.	부활 후에 먹고 마심의 뜻: 진리를 받아들임	194
9.2.4.5.	교회가 하나님의 나라이고 천년은 교회시대 전체임	194
9.2.4.6.	부활 후에는 하나님 묵상	195
9.2.5.	루터의 가르침	195
9.2.5.1.	사탄이 놓여남은 교황이 적그리스도 됨에 있음	196
9.2.5.2.	재림 후 하나님의 나라는 끝이 없음	196
9.2.5.3.	나라를 아버지에게 바침은 믿음과 말씀으로 죄가 완전히 지워짐에 성립	197
9.2.5.4.	나라를 아버지에게 양도함은 백성을 하나님 앞에 세움임	198
9.2.5.5.	멜랑톤은 천년기론이 유대주의의 오류라고 함	199
9.2.6.	칼빈의 가르침	199
9.2.6.1.	천년기론 자체를 거부하고 반대	199
9.2.6.2.	계시록은 천년을 지지하지 않음	200

	9.2.6.3.	백성들이 천년간만 미래 생명을 누리는 것은 그리스도를 욕되게 함	200
	9.2.6.4.	악인의 형벌이 영원하다는 것은 하나님의 잔혹함을 뜻함이라는 궤변: 하나님의 엄위를 훼손함	201

제3절 종교개혁 신경들의 가르침 201

- 9.3.1. 아우구스부르크 신앙고백서 201
- 9.3.2. 제 2 스위스 신앙고백서 202
- 9.3.3. 화란 신앙고백서 203
- 9.3.4. 하이델베르크 요리문답 203
- 9.3.5. 웨스트민스터 신앙고백서 203
- 9.3.6. 결론 204

제4절 유대 묵시문학의 천년왕국 사상 204

- 9.4.1. 2 바룩서 205
  - 9.4.1.1. 예루살렘이 영원히 재건됨 205
  - 9.4.1.2. 메시아의 출현 205
  - 9.4.1.3. 넘치는 풍요 206
  - 9.4.1.4. 의인들과 악인의 부활 206
  - 9.4.1.5. 시온을 멸망시킨 나라 멸망, 메시아 지배 206
  - 9.4.1.6. 사령관은 잡혀서 예루살렘에서 죽고 메시아가 백성 보호 207
  - 9.4.1.7. 처음 모습으로 부활하고 선악 간에 심판받음 207
  - 9.4.1.8. 메시아의 통치로 세상이 평안해지고 재난과 질병이 없어짐 208
- 9.4.2. 4 에스라서 208
  - 9.4.2.1. 예루살렘이 망한 이유를 깨달을 수 없음 208
  - 9.4.2.2. 400년간의 메시아 왕국 208
  - 9.4.2.3. 심판의 날 209
  - 9.4.2.4. 율법을 지키지 못한 자들, 안식 없음: 율법 준수자, 기쁨과 영광 210

	9.4.2.5.	많은 사람들이 멸망에 이른 것에 대한 답	210
	9.4.2.6.	30년은 3천년으로 이해함	211
	9.4.2.7.	로마의 멸망 예언	211

제5절 다윗왕국의 회복으로서 천년왕국의 문제 212

    9.5.1.   다윗왕국의 회복은 이방인들이 주 예수를 믿어 그의 백성 됨임 212

제6절 고대교회의 천년왕국 사상 213

    9.6.1.   파피아스의 전승 214
    9.6.1.1.   부활로 천년왕국 시작 214
    9.6.1.2.   넘치는 생산 214
    9.6.1.3.   넘치는 밀의 생산 215
    9.6.1.4.   모든 동물들이 풀을 먹음 215
    9.6.1.5.   세 가지의 거소로 나뉨: 하늘, 낙원, 도성에서 나뉘어 삶 215
    9.6.1.6.   단계적으로 진보: 성령으로 말미암아 아들에게로, 아들로 말미암아 아버지에게로 216
    9.6.2.   케린토스의 주장 216
    9.6.2.1.   부활 후 땅에서 그리스도의 왕국 216
    9.6.2.2.   쾌락으로 삶 217
    9.6.3.   바나바의 서신의 주장 217
    9.6.3.1.   6일 창조: 6,000년간에 만물 진행; 새로운 세계 217
    9.6.3.2.   하나님의 아들이 육신으로 오셔서 구원 218
    9.6.3.3.   재림 때 산 자와 죽은 자들을 심판 218
    9.6.3.4.   세계의 권세 가진 사탄도 멸함 218
    9.6.4.   유스디노스의 가르침 219
    9.6.4.1.   예루살렘 재건: 부활이 있고 천년 219
    9.6.4.2.   재건된 예루살렘에서 천년간: 생명나무의 날대로 천년 219
    9.6.4.3.   예루살렘에서 천년 삶: 그 후 부활과 심판과 영생 220

9.6.5.	에레나이오스의 가르침	220
9.6.5.1.	아브라함에게 하신 땅의 약속을 의인들이 받음	220
9.6.5.2.	넘치는 생산: 포도와 곡식	221
9.6.5.3.	넘치는 밀의 생산	221
9.6.5.4.	평화의 세상	221
9.6.5.5.	의인들이 집과 포도원을 세우고 삶	222
9.6.5.6.	의인의 부활과 땅 위의 왕국	222
9.6.5.7.	의인들이 땅에서 다스리고: 주를 보고 하나님의 영광에 동참	223
9.6.5.8.	새 하늘과 새 땅	223
9.6.5.9.	거소에 차이가 있음	224
9.6.5.10.	영을 통해서 아들에게로: 아들을 통해서 아버지에게로 올라감	224
9.6.5.11.	한 아들과 완전해진 인류 종족: 하나님의 형상이 됨	224
9.6.6.	힙폴리토스의 가르침	225
9.6.6.1.	하나님이 육체 안에 오셔서 피 흘리심	225
9.6.6.2.	그리스도는 부활 후에 심판주로 오심	226
9.6.6.3.	그리스도와 적그리스도의 대비: 그리스도, 사자; 적그리스도, 사자; 적그리스도가 그리스도 모방	226
9.6.6.4.	그리스도, 동정녀 탄생으로: 적그리스도, 부정한 출생으로	227
9.6.6.5.	그리스도, 사도 보내심: 적그리스도, 거짓 사도 보냄	227
9.6.6.6.	그리스도, 자기 몸 성전: 적그리스도, 예루살렘에 성전 세움	227
9.6.6.7.	그리스도, 유다지파에서: 적그리스도, 단지파에서 나옴	228
9.6.6.8.	적그리스도의 출현과 사역	228
9.6.6.9.	짐승: 적그리스도의 나라	229

9.6.6.10.	적그리스도가 기적들을 행사	229
9.6.6.11.	거짓 이적들로써 적그리스도가 자신을 왕과 하나님으로 선언	230
9.6.6.12.	적그리스도가 3년 반 동안 성전 세움	230
9.6.6.13.	대재난이 시작됨	230
9.6.6.14.	적그리스도가 자신을 하나님으로 경배 강요	231
9.6.6.15.	참 신자들은 피할 것	232
9.6.6.16.	하나님 예배가 중단됨	232
9.6.6.17.	고통의 날들을 줄이심	233
9.6.6.18.	하나님의 아들의 재림과 심판	233
9.6.6.19.	만물이 풀어짐	233
9.6.6.20.	만인이 심판받음	234
9.6.6.21.	만인이 그리스도를 능하신 하나님, 의로운 심판관으로 고백	234
9.6.6.22.	멸망의 아들과 그의 사자들이 불에 던져짐	234
9.6.6.23.	히브리 백성이 그리스도가 육체로 오심을 볼 것임	235
9.6.6.24.	악인들은 영원한 불에	235
9.6.6.25.	심판 총회 해산	235
9.6.7.	락탄치우스의 가르침	235
9.6.7.1.	영혼의 불멸	236
9.6.7.2.	6일, 6,000년, 마지막 1,000년	237
9.6.7.3.	마지막 때의 상황	237
9.6.7.4.	적그리스도의 나타남	238
9.6.7.5.	하나님의 아들이 오심	238
9.6.7.6.	의인들이 먼저 부활: 천년 동안 의인의 교세	239
9.6.7.7.	첫 심판: 의인들이 심판받음	239
9.6.7.8.	공과를 따라 영생	240
9.6.7.9.	천년 동안 다스림	240

9.6.7.10.	넘치는 풍요와 평화	241
9.6.7.11.	악인들의 심판	241
9.6.7.12.	마지막 심판	242
9.6.7.13.	두 번째 부활에서 만민 부활	242

제7절 천년기론의 배척 242
- 9.7.1. 공교회의 종말 도식 243
- 9.7.2. 아다나시오스 신경의 확정 243
- 9.7.3. 공교회의 종말 도식의 확정 244
- 9.7.4. 개혁자들: 공교회의 종말 도식에 부착 244
- 9.7.5. 16세기 광신파가 천년왕국 세움 245

제8절 세대론적 천년왕국 사상 비판 246
- 9.8.1. 천년왕국 사상 비판 246
  - 9.8.1.1. 유대인을 위한 천년 메시아 왕국이 세대론의 중심점 246
  - 9.8.1.2. 세대론적 천년기론은 하나님의 창조경륜과 전적으로 배치됨 246
  - 9.8.1.3. 하나님은 그리스도의 피로 반역자들을 백성으로 돌이키심 247
  - 9.8.1.4. 마지막 날 하나님이 만유 안에 만유가 되심 247
  - 9.8.1.5. 이스라엘은 하나님의 세상 구속의 도구로 택해짐 248
  - 9.8.1.6. 그리스도의 강생과 구속사역으로 이스라엘은 존재 목적을 다함 249
  - 9.8.1.7. 피 제사의 복귀는 하나님의 구원경륜을 전적으로 파괴함임 249

제9절 세대론 천년왕국 사상은 딸비와 스코필드에 의해 세워짐 250
- 9.9.1. 7세대 250
  - 9.9.1.1. 7세대 구분 250
  - 9.9.1.2. 7세대와 일곱 번 시취 원리는 전적으로 부당 251
- 9.9.2. 세대론자들의 주장: 초림의 목적; 다윗왕국 회복 252

9.9.2.1.	다윗왕국 회복을 위해서 그리스도가 오심	252
9.9.2.2.	그리스도의 초림의 목적: 왕국 회복 아님; 백성을 구원하여 창조경륜을 이루기 위해 오심	252
9.9.2.3.	다윗의 장막 회복의 본뜻: 이방인을 교회에 받아들임임	252
9.9.3.	세대론자들의 주장: 7년 환란과 환란 전 휴거	253
9.9.3.1.	7년 환란 전 성도 휴거	253
9.9.3.2.	7년 환란은 성경에 없음	253
9.9.3.3.	휴거는 주님이 성도들을 끌어올려 주님을 맞게 하심임	254
9.9.3.4.	혼인잔치는 새 인류와 하나님의 친숙한 연합을 말함	255
9.9.3.5.	주의 재림은 한 번이고 모든 사람이 다 알게 됨	255
9.9.4.	적그리스도와 아마겟돈 전쟁	256
9.9.4.1.	세대론: 재림주 그리스도는 유대인들을 몰살하려는 적그리스도를 죽임	256
9.9.4.2.	이 주장의 허구	256
9.9.4.3.	그리스도는 유대인 왕국 설립이 아니라 구원의 완성을 위해서 다시 오심	257
9.9.4.4.	요한의 적그리스도들은 신학적 적그리스도	257
9.9.4.5.	적그리스도: 불법의 사람, 죄의 사람; 자기를 신으로	258
9.9.4.6.	적그리스도가 자신을 하나님으로 섬기도록 할 것임	258

제10절 천년왕국 설립과 피 제사의 복귀 문제 258

9.10.1.	넘치는 생산과 평화의 천년왕국	258
9.10.2.	악인들이 신적 통치를 하는 그리스도 앞에서 산다는 것이 가능한가?	259
9.10.3.	논박	259
9.10.4.	유대인들이 세계 지배: 그리스도인들은 2등 시민	260
9.10.5.	하나님의 구원경륜: 온 인류 구원; 유대인의 왕국 아님	260

9.10.6.	피 제사의 복귀 ………………………………………	261
9.10.7.	피 제사의 복귀 주장은 그리스도의 구속사역을 전적으로 허는 것임 ……………………………………	262
9.10.8.	사탄이 놓여나고 천년왕국이 끝남의 문제 ……	263
9.10.9.	피조물의 손으로 신적 통치를 마감함은 불가능한 일 ………………………………………………………	263
9.10.10.	계 20장의 천년은 땅 위의 메시아 왕국이 결코 아님	264

제11절 결론 …………………………………………………… 264

9.11.1.	천년왕국 설립은 불가한 일 ……………………	264
9.11.2.	천년왕국은 재림 전에 적그리스도 세력이 세울 것임	265
9.11.3.	유대인을 위한 천년왕국은 불가 ………………	265

성경 색인

구약 ……………………………………………………………… 268
신약 ……………………………………………………………… 269
라틴어와 다른 언어 용어 색인 ………………………………… 273

제1장

서론

Consummatio Consilii Creationis
Consummatio Consilii Creationis
Consummatio Consilii Creationis

1.1. 정의

종말론은 창조경륜의 궁극적 성취의 과정을 다루는 신학이다.

창조경륜을 성취하시는 과정은 개략적으로 다음과 같다. 하나님이 반역한 백성들의 죗값을 갚으시므로 죄를 용서하셔서 하나님의 백성으로 회복하기로 하셨다. 이 일을 예수 그리스도로 이루신다. 성육신하신 하나님이 인류의 죗값을 지불하셔서 범죄자들을 죄와 죽음에서 구속하여 하나님의 백성으로 다시 세우심으로 창조경륜을 성취하신다. 창조경륜의 궁극적인 성취는 종말에 예수 그리스도께서 다시 오셔서 구속하신 백성을 부활시키시고 불신자들을 영원한 형벌과 고통을 받게 하셔서 악을 창조세계에서 제거하시므로 이루어진다. 그때 하나님이 그의 백성 가운데 충만히 거주하시므로 만유 안에 만유가 되신다. 이것이 창조경륜의 성취이다. 요약하면 종말론은 하나님의 창조경륜의 완성을 다루는 신학이다.

종말론의 초점은 그리스도의 구속사역으로 하나님이 창조경륜을 성취하셔서 구원받은 백성 가운데 충만하게 거주하심에 있다. 창조경륜이 어떻게 완성되는지에 모든 시선이 집중되어 있다.

1.2. 역사의 목표

종말론은 하나님이 창조경륜을 성취하는 것을 목표로 전개된다. 역사의 목표는 창조경륜을 성취하여 하나님이 구원받은 백성 가운데 충만하게 임재하셔서 찬양과 경배를 받으시는 것이다. 곧 하나님이 그리스도로 자기의 백성을 완전히 회복하신 것에 모든 초점이 놓여 있다.

1.3. 그리스도의 재림

그리스도가 다시 오심은 그가 시작한 구원사역을 완수하여 하나님의 백성을 완전히 회복하기 위해서이다.
그리스도의 재림은 심판에 초점이 있는 것이 아니라 구원의 완성에 있다.

1.4. 종말시대

그리스도의 구원사역은 종말론적 사건이다. 지금 우리는 옛 세상의 질서로 살고 있다. 그러나 그리스도의 구속사역으로 영원세계의 생명이 현 세계질서로 들어왔으므로 지금이 종말시대이다. 따라서 그리스도의 재림은 언제든지 이루어질 수 있고 또 임박해 있다.

1.5. 재림의 징조들

재림의 징조들은 적그리스도의 출현과 적그리스도의 나라가 온 세상을 지배하고 그리스도인들을 박해하는 것 등을 포함한다. 그뿐만 아니라 교회가 배도하여 적그리스도의 나라가 나타나도록 준비를 다 한 것을 강조하였다. 그리고 교회로 하여금 배도를 완료하게 한 신학적 적그리스도를 제시하는 데 많은 지면을 할애하였다.

또 세계단일정부가 세워져서 그리스도인들을 대대적으로 핍박하는 일이 일어날 것임을 강조하였다.

1.6. 공교회의 종말 도식

하나님의 역사 섭리가 창조경륜을 성취하는 데 있으므로 그리스도의 재림으로 천년왕국이 전개되는 것이 아니라는 것을 강조하였다.

하나님의 역사 섭리의 목표는 유대인들을 위한 다윗왕국 건설이 결코 아니다. 하나님은 세계 구원을 위해서 이스라엘을 한 도구로 선택하셨을 뿐이다. 따라서 이스라엘은 그리스도의 강생과 구속사역으로 그 존재 목적을 다하였다.

그러므로 천년왕국은 성립할 수 없다. 따라서 공교회의 종말 도식을 따라 종말 과정을 전개한다. 곧 한 번의 재림, 보편부활, 보편심판, 영원세계이다.

1.7. 영원세계에서의 삶

영원세계에서 구원받은 백성들은 하나님을 영원히 찬양하고 경배한다. 이것이 본래 사람이 창조된 목적이다. 또 언약을 체결하심도 이것을 목표하였다. 그런데 인류가 반역죄를 지어 역사가 본궤도에서 이탈하였다.

그리스도의 피로 회복된 백성들은 하나님을 찬양하고 경배하는 삶을 영원히 지속한다. 더 나아가 하나님의 창조를 탐구하여 하나님을 찬양하는 일을 계속할 것임을 강조하였다.

악인과 불신자들은 영원한 형벌을 당하며 살 것이다.

1.8. 천년왕국의 문제

하나님의 역사 섭리의 목표는 모든 백성을 회복하는 것이다. 그리고 그 백성 가운데 충만히 거주하시며 찬양을 받으시는 것이다.

그러므로 유대인들을 위해 천년왕국을 세우는 일은 성립할 수 없다. 2 바룩서 (2 Baruch)와 4 에스라서 (4 Ezra)에 의존해서 2세기 중엽부터 교회에 천년왕국 사상이 크게 일어났지만 3세기부터 교회는 그 사상을 배척하였다.

성경과 신경들이 천년왕국을 지지하지 않는다. 계 20장은 그리스도의 재림으로 성도들이 부활하여 천년왕국의 지복을 누리는 것이 아니라 목 베임을 받은 자들의 영혼이 살아서 하늘에서 그리스도와 함께 왕 노릇하는 것을 말하고 있다.

그리고 세대론 천년왕국 사상의 부당성을 성경대로 지적하였다. 하나님이 믿지 않는 유대인들을 위해서 메시아 왕국을 세워 구약의 피 제사를 복귀하는 것은 언어도단(言語道斷)이다. 그것은 적그리스도 세력이 꾀하고 있는 일이다. 천년왕국, 성전재건, 피 제사의 복귀 등은 다 세계단일정부를 목표하는 자들이 계획하고 있는 일이다.

하나님이 그의 구원경륜대로 백성을 모으시는 일을 다 이루셨으므로 역사를 종결하신다.

제2장

역사의 목표:
창조경륜의 성취

Consummatio Consilii Creationis
Consummatio Consilii Creationis
Consummatio Consilii Creationis

제1절 하나님은 창조경륜을 이루시려고 역사를 시작하심

2.1.1. 언약체결로 역사를 시작

2.1.1.1. 창조경륜

창조주 하나님은 창조 시에 창조경륜을 가지셨다. 창조경륜 (consilium creationis)은 하나님이 그의 백성을 가지시고 그들 가운데 거하시며 찬양과 경배를 받으시는 것이다 (계 21:3; 출 6:7; 19:6; 레 26:12; 신 4:20; 7:6; 14:2; 29:13; 32:9; 수 24:18, 21-22, 25; 왕하 11:17; 시 106:48; 사 43:21; 렘 7:23; 11:4; 24:7; 30:22; 31:33; 겔 11:20; 14:11; 36:28; 37:27; 호 2:23; 슥 8:8; 고후 6:16; 히 8:10; 벧전 2:10).

2.1.1.2. 사람을 인격체로 창조하심

하나님은 이 목적으로 사람을 그의 형상대로 지으시고 그와 언약을 맺어 자기의 백성 삼기로 하셨다. 하나님은 사람을 하나님의 형상대로 곧 인격체로 지으셔서 (창 1:26-27) 사람으로 존엄성을 갖게 하셨다.

또 하나님은 많은 백성을 가지시려고 사람을 남녀로 지으셨다 (창 1:27). 그리고 둘을 혼인시켜 많은 백성을 생산하게 하셨다 (창 2:22-24; 4:1-2, 17-26).

창조주는 사람과 언약을 맺어 자기의 백성으로 삼으셔서 창조주 하나님만을 섬기게 하셨다.

또 이 언약체결로 아담을 창조세계의 왕과 선지자와 제사장으로 세우셨다 (창 1:26, 28; 2:15; 4:26).

2.1.1.3. 언약체결

하나님은 창조경륜을 이루기 위해 사람과 언약을 맺으셨다. 언약은 사람을 하나님의 백성으로 삼는 약정이다.

창조주는 선악계명으로 아담과 언약을 맺으셨다 (창 2:17). 선악계명은 창조주만을 하나님으로 섬기는 것을 선으로, 하나님 섬김을 거부하는 것을 악으로 정한 계명이다. 사람이 하나님을 섬기면 그것이 선이어서 생명에 이르고, 하나님 섬김을 거부하면 그것이 악이어서 죽음에 이르도록 정하셨다. 선악계명은 하나님을 섬기느냐, 섬기지 않느냐를 죽고 사는 법으로 정한 계명을 뜻한다.

언약체결로 하나님은 언약백성 가운데 거하시며 찬양과 경배를 받으셨다. 하나님의 영으로 백성 가운데 임재하시고 내주하셨다 (창 6:3).

창조주는 아담과 언약을 체결하실 때 하나님의 명령으로 체결되었지만 쌍무관계(雙務關係)의 방식이 되게 하셨다. 곧 인간 언약 당

사자가 언약을 파기했을 경우라도 하나님은 언약을 성취하도록 하는 책임을 자신에게 지우셨다. 언약을 이루시므로 자기 백성을 가지시고 그 백성 가운데 거하사 찬양과 경배를 받으시는 것을 기어이 성취하기로 하셨다.

2.1.1.4. 언약백성의 삶

언약체결 후 아담은 하나님만을 섬기는 언약백성으로 잘 살았다. 아담은 늘 창조주를 찬양하고 감사하며 경배하며 살았다. 하나님은 언약백성의 찬양과 경배를 기뻐하셨다.

또 아담은 창조세계를 탐구하면서 하나님의 지혜와 권능을 발견하고 감사와 감탄을 연속하였다. 따라서 창조주를 그의 이름에 합당하게 찬양하고 경배하였다. 아담의 모든 활동은 창조주를 찬양하고 경배하는 것으로 이어졌다. 그의 활동은 하나님의 지혜와 권능을 만나는 것의 연속이었기 때문이다.

창조주 하나님은 아름다운 세상을 창조하시고 사람으로 그것을 탐구하게 하셨다. 하나님은 아담으로 창조세계를 잘 탐구하고 다스리도록 왕으로 세우셨다 (창 1:28; 2:15).

아담은 예리한 지성으로 창조세계를 탐구하였다. 그가 생명체들에게 이름들을 지어주었다 (창 2:19-20). 하나님은 만물을 창조하셨고 아담은 사물들의 이름을 지었다. 그리하여 모든 사물들이 이름을 가진 사물들로 존재하게 되었다. 하나님은 아담이 사물들의 이름을 짓는 것을 만족하셨다 (창 2:19). 아담은 물리적 세계도 탐구하였다. 따라서 그 사물들의 성질을 따라 땅을 파서 채소와 곡식을 잘 기를 수 있었다 (창 3:17-19).

이렇게 아담은 하나님의 영광을 찬양하고 경배하며 자기의 지식의 영역을 더욱 넓혀 나갔다. 이렇게 역사는 하나님의 계획대로 진행되었다.

2.1.2. 반역이 역사의 흐름을 그르침

2.1.2.1. 언약백성으로 삶

아담은 하나님의 언약백성으로 하나님을 섬겼다. 또 아담은 하나님의 명령대로 창조를 열심히 탐구하였다. 모든 창조가 정상적으로 진행되어 하나님의 창조의 완벽성을 드러냈다. 아담은 창조세계에서 하나님의 대리통치자로서 임무를 잘 감당하였다 (창 1:28; 2:19-20).

그런 중에 유혹이 왔다 (창 3:1).

2.1.2.2. 선악 결정을 스스로 하는 자주자가 되라는 유혹

뜻밖에 하나님의 선한 창조세계에 반역이 들어왔다. 유혹자가 나타나 뜻하지 않은 결정을 하도록 촉구하였다. 하나님의 선악 결정에 매여서 종처럼 살지 말고 선악 결정을 스스로 하라고 촉구하였다. 그리하여 하나님처럼 살라고 유혹하였다 (창 3:1-5).

하나님과 같이 되라는 유혹에 아담과 그의 아내는 완전히 넘어갔다. 첫 인류는 피조물인 유혹자의 말을 진리라고 판정하여 하나님을 반역하였다.

2.1.2.3. 선악 결정을 스스로 하는 자주자가 되기로 정함

창조주의 선언에 거슬러서 아담과 하와는 범죄하였다. 선악과계명을 범하면 반드시 죽는다고 하나님이 선언하셨다 (창 2:17). 그러나 그들은 유혹자의 거짓을 따르기로 하였다. "너희가 결코 죽지 아니할 것이다. 너희가 그것을 먹는 날에는 너희 눈이 밝아 하나님과 같이 되어 선악을 알 줄을 하나님이 아셨다" (창 3:4-5). 이렇게 유혹자는 완전히 거짓말을 하였다 (요 8:44).

아담과 하와는 선악과를 먹으면 지혜롭게 되어 하나님처럼 될 것으로 판단하였다 (창 3:6). 사람이 자기의 이성으로 두 진술의 참과 거짓을 판단하고 결정하기로 하였다.

선악과를 먹게 되면 스스로 선악을 판단하고 결정하여 하나님처럼 될 것이 확실하였다. 그러면 하나님의 선악 결정을 따라서 사는 피동적인 존재가 아니라 능동적으로 선악을 결정하는 자주자 (自主者)가 된다고 판정하였다.

아담은 하나님과 동등한 왕이 되기로 하였다. 따라서 하나님의 선악 결정대로 사는 것이 아니라 사람이 스스로 선악을 결정하여 살기로 하였다. 창조주만이 하신 선악 결정을 피조물인 아담이 대신 하기로 하였다. 참람한 찬탈행위 (簒奪行爲)를 하기로 한 것이다.

2.1.2.4. 반역을 결행함

아담과 하와는 스스로 선악 결정을 하였다. 곧 창조주 하나님을 섬기는 일을 거부하기로 작정하였다. 하나님을 섬기지 않아도 죽지 않는다고 결정하였다.

아담과 하와는 자기들의 결정을 실행하였다. 첫 인류가 선악과를 먹어 하나님의 언약을 파기하고 하나님의 영광의 엄위와 인격을 무시하는 것은 아무런 힘든 일이 아니었다 (창 3:6). 인격적, 윤리적 결정은 물리적인 제약 없이 시행할 수 있었다.

아담은 단번에 자기 결정대로 행하여 자주자가 되었다. 아담은 언약을 파기하고 선악과계명을 범하였다. 이로써 그는 하나님 섬김을 거부하는 반역죄를 범하였다. 창조주의 인격의 엄위를 완전히 짓밟았다.

창조세계에 반역이 확실하게 수행되었다 (창 3:6-7). 따라서 창조세계의 질서가 모두 바뀌었다.

2.1.2.5. 죽음과 저주의 선언

하나님은 범죄자들에게 죽음을 선언하셨다 (창 3:19). 또 온 땅에도 죽음과 저주를 선언하셨다 (창 3:17-19). 저주가 선언되므로 (창 3:17) 땅을 싸고 있는 모든 생활공간들의 상태와 질서가 바뀌었다. 사물들도 본래의 기능을 다 발휘할 수 없게 되었다.

이제 죽음이 창조세계의 보편법칙이 되었다 (창 3:19). 모든 생명체들도 다 죽음에 이르도록 작정되었다.

그리고 창조세계의 왕은 땅을 파서 삶을 이어가는 **종**의 상태로 전락하였다 (창 3:23). 아담이 땅을 파서 사는 것은 그의 죽음을 향하여 땅을 파는 것이 되었다. 땅을 파서 사는 일은 육체의 힘을 대폭 약하게 만들어서 죽음의 길을 독촉하였다 (창 3:19).

첫 사람들이 하나님 섬김을 버리므로, 피조물들을 섬기는 종의 자리로 떨어졌다. 종이 되므로 두려움과 공포와 불안에 싸여 살게 되었다. 만물이 아담과 하와를 대적하는 자리에 서게 되므로 왕의 권위를 완전히 상실하였다.

하나님을 찬양하고 경배하던 자들이 피조물의 종이 되었다. 그들은 사물들을 다스리는 자였는데 땅을 파서 목숨을 부지하는 자가 되었다. 그리하여 하나님 섬김은 점점 그 자리가 좁아지고 없어지게 되었다.

2.1.2.6. 사형집행을 유예하심

창조주는 범죄자들에게 죽음을 선언하셨어도 당장 사형을 집행하지 않으셨다. 죽음은 언약체결 시에 발표된 대로 범죄한 자들에게 피할 수 없는 법이 되었다 (창 2:17). 그러나 그들은 상당기간 동안 살며 자녀들을 출산하도록 불쌍히 여김을 받게 되었다. 즉각적인 사형집행이 유예되었다.

2.1.3. 반역을 무효화하여 창조경륜을 이루기로 하심

하나님은 범죄자들에게 구원경륜을 펴셨다 (창 3:15).

2.1.3.1. 구원 작정을 밝히심

창조주는 사람의 반역을 무효화하여 범죄자들을 하나님의 백성으로 회복시키기로 하셨다 (창 3:15-16). 그리하여 자기의 창조경륜을 이루기로 하셨다.

사람은 저주와 사망의 선언 아래 있어서 언약을 회복하는 일을 할 수가 없게 되었다. 그리하여 하나님은 대신 언약회복을 위해서 일하기 시작하셨다.

2.1.3.2. 죗값 지불로 반역죄를 무효화하기로 정하심

하나님은 사람이 파기한 언약을 성취하기로 하셨다. 그것은 언약을 깨뜨리고 하나님 섬김을 거부한 백성을 다시 하나님의 백성으로 돌이키기로 하신 것이다.

하나님은 반역죄를 무효화함으로 그 백성을 돌이키기로 하셨다. 하나님이 사람이 범한 죗값을 대신 지불하고 죄를 무효화하여 범죄하지 않은 것으로 여기기로 하셨다. 반역죄를 무효화하면 범죄하지 않은 것과 같이 된다 (롬 8:17). 이렇게 반역죄를 무효화하므로 범죄자들을 의롭다고 하기로 정하셨다.

이 방식으로 반역한 사람들을 하나님의 백성으로 돌이키기로 하셨다.

2.1.3.3. 하나님이 피 흘림으로 죗값을 지불하기로 정하심

하나님이 인간의 자리에 오셔서 파기된 언약을 회복하시므로 사람들을 살리기로 정하셨다. 그리하여 사탄의 계교(計巧)를 멸하고 창조경륜을 성취하기로 하셨다.

경륜을 이루는 방식은 하나님이 육신이 되셔서 피 흘리시기로 한 것이다. 하나님 자신이 피 흘리심으로 반역죄를 제거하여 의를 세우기로 하셨다 (롬 1:16-17).

하나님이 피 흘리셔서 (레 17:11) 유혹자와 그의 나라를 깨뜨림으로 (창 3:15) 반역을 무효화하기로 하셨다. 이렇게 하여 하나님은 백성을 회복하기로 하셨다.

2.1.3.4. 긴 준비의 기간

하나님은 그의 작정을 단번에 실행하신 것이 아니다. 긴 기간 동안 준비하여 이루셨다. 창 3:15의 약속 이후 요 3:16까지 실제로 긴 기간 동안 구원 작정의 성취를 준비하셨다.

2.1.3.4.1. 한 민족을 조성

하나님은 자기가 오시는 통로로 한 민족을 조성하기로 하셨다. 따라서 아브라함을 부르시고 (창 12:1-2), 그로 한 민족이 되도록 조치하셨다 (창 13:14-16). 하나님은 아브라함의 후손으로 400년 동안 애굽 (이집트)에 살게 하셔서 한 민족을 이루셨다 (창 46:3-출 14:31).

그리고 하나님은 속죄제사 제도를 세우셔서 아브라함의 후손에게 대신 속죄를 가르치셨다 (창 22:16-18; 레위기). 이 교육기간이 1,500년이었다.

때가 차매 하나님이 아들을 세상에 보내셨다 (갈 4:4-6). '때가 차매'는 이스라엘이 율법 준수로 의를 얻을 수 없음을 알게 되고 피 제사로 속죄가 이루어질 수 없음을 깨닫게 된 때를 말한다.

2.1.3.5. 하나님이 실제로 구원을 이루심

하나님의 아들이 세상에 오사 피 흘리시어 구속을 성취하셨다 (레 17:11; 요 19:30; 계 1:5-6; 5:9). 아들 하나님의 피 흘리심을 믿는 자들을 다시 하나님의 백성으로 삼으셨다 (요일 3:5). 그들에게 죽음 대신 영생을 주심으로 자기의 백성으로 삼으셨다.
이렇게 하나님은 창조경륜을 이루셨다 (요 3:16; 요일 2:25).

2.1.3.6. 성령으로 구원을 온 인류에게 전파하심

그리스도의 구속사역 후에 하나님은 성령을 세상에 보내셨다. 하나님은 성령으로 구속사역을 사람들에게 적용하여 그들을 하나님의 백성으로 삼는 일을 시작하셨다 (행 2:1-4).
성령은 오셔서 예수 그리스도 하나님의 아들의 복음을 널리 전파하셨다 (사도행전). 성령은 사도들과 전도자들을 세우시어 (행 13:1-3; 16:1-3; 18:2-4, 24-27; 20:4) 온 인류에게 예수 그리스도의 복음을 널리 전파하도록 하셨다.

제2절 창조경륜을 다 이루심

2.2.1. 온 인류 종족 중에서 백성들을 모으심

하나님은 성령으로 예수 그리스도의 복음을 온 인류에게 전파하게 하셨다. 이 일을 위해서 성령은 계속해서 전도자들을 세우신다. 전도자들이 예수 그리스도의 복음을 전파하면 성령은 하나님의 백성을 모으신다. 역사의 진행의 전 과정에서 성령은 백성 모집을 계속하신다.

그리스도는 성령으로 모든 백성들과 족속들과 언어에서 하나님의 백성을 모으신다. 그리스도는 자기의 흘린 피로 모든 백성을 모으신다. 그리스도는 역사의 진행 내내 모든 백성들 가운데서 자기의 백성을 불러내신다 (계 5:9). 백성 모음이 다 이루어질 때 역사가 끝난다.

하나님이 자기의 백성을 다 불러 모으실 때까지 역사는 계속된다. 역사의 목표는 세상 나라들이 그리스도의 나라가 되는 데 성립하기 때문이다 (계 11:15). 인류역사는 하나님의 백성이 온전히 회복됨을 목표하고 진행되고 있다.

2.2.2. 역사의 마감: 창조경륜의 성취; 하나님이 백성 가운데 충만히 거주

하나님은 창조경륜을 다 이루실 때 역사를 마감하신다. 역사의 끝에서 하나님은 그의 창조경륜을 온전히 이루신다 (계 11:15). 그때에 창조주 하나님은 그의 백성 가운데 충만히 거주하신다 (계 21:3; 7:15; 22:3). 역사의 시작부터 지금까지 하나님은 모든 백성 가운데 충만하게 거주하는 것을 목표하셨기 때문이다.

하나님이 구속받은 백성 가운데 완전하게 거주하실 때 온 백성은 그의 창조와 구속 때문에 창조주 하나님께 끝없는 찬양을 바쳐 드리고 경배한다 (계 4:11; 5:9-12; 22:3).

하나님이 구속하신 백성 가운데 친히 거주하실 때 저주와 죽음을 다 제하신다. 그리고 그들에게 영원한 생명을 주신다 (계 22:1-3). 새 백성들은 영원히 하나님을 찬양하고 경배하여 하나님께 영광을 돌린다 (계 22:3).

그의 백성을 다 모으시면 하나님은 역사를 끝내신다.

제3장

다시 오심의 목적

Consummatio Consilii Creationis
Consummatio Consilii Creationis
Consummatio Consilii Creationis

역사의 주재만이 역사를 종결하신다. 그리스도는 다시 오실 때 역사의 완결자로 오신다. 그리스도는 구원의 완성자로서 역사를 종결하신다. 따라서 역사의 종결과 구원의 완성은 일치한다.

그리스도가 인류를 창조하고 시간을 만드셨기 때문에 그가 역사의 주재이시다. 더 나아가 그가 역사의 대주재이신 것은 반역한 인류를 돌이켜 다시 하나님의 백성이 되게 하심으로 시간과 인류를 속량하셨기 때문이다.

제1절 그리스도가 교회로 복음전파를 계속하게 하심

그리스도는 한 목표를 갖고 역사를 주재하신다. 그 목표는 그가 창조하고 속량하여 자기의 백성으로 삼기로 한 백성들을 다 모으시는 것이다. 자기의 피로 많은 백성을 불러 모아 백성의 수가 온전히 차기까지 역사를 진행시키실 것이다.

그리스도는 그의 백성을 모든 족속들과 언어에서 모으신다. 그는 백성들을 불러내어 모으기 위해서 전도자들로 복음을 선포하게 하신다. 교회가 지구상에 더 이상 존재하지 않는 것처럼 보일 때에도, 그리스도는 자기의 교회와 전도자들을 통하여 사람들을 하나님의 백성이 되도록 부르신다. 따라서 교회의 역사는 복음전파의 역사이다.

교회는 예수 그리스도의 복음선포로 태어났고 자라고 있다. 또한 교회는 출생 바탕인 복음을 증거하고 전파하도록 세워졌다. 따라서 교회는 존속하는 한 복음을 전파하고 증거할 수밖에 없다.

본성상 교회는 복음을 전파하게 되어 있다. 복음선포로 말미암아 교회가 생겨났으므로 교회는 복음의 선포와 증거를 늘 계속할 수밖에 없다. 교회는 복음선포를 생명의 양식으로 받고 있는 한 복음을 전파하고 증거하도록 조성되었다.

역사의 진행과정에서 복음선포는 계속되고 중단되지 않는다. 배도가 완전해졌다고 할 때에도 복음전파는 계속되고 사람들을 그리스도께로 인도하는 일은 진행될 것이다.

제2절 자유주의 신학: 복음선포의 절박성을 완전 부정함

자유주의 신학은 교회로 하여금 복음선포를 못하도록 만든다. 자유주의 신학은 그리스도교의 근본진리를 자연주의화하여 더 이상 교회가 존속할 필요가 없도록 만들기 때문이다.

그 이유는 다음과 같다. 자연인은 본래대로 좋은 상태에 있고 정당하다. 사람은 본래 죽도록 만들어졌다. 따라서 죽으면 모든 것이 끝난다. 사람이 죽는 것은 죄 때문이 아니고 본래 죽도록 만들어졌다. 그러므로 죽음 후에는 심판이라든가 영원한 형벌 같은 것은 있을 수 없다고 주장한다.

  이 가르침은 구원주와 구원에 대한 신앙을 필요 없게 만든다. 따라서 자유주의 신학은 예수 그리스도가 하나님의 아들이시고 그가 구원사역을 이루셨다는 것을 다 부정한다.

제3절 복음전파를 막는 세력들

  정치권력과 사회조직도 복음증거를 하지 못하게 만든다. 그런 세력들은 대대적인 조직과 폭력으로 복음전파를 못하게 막아왔다. 교회 역사의 초기에도 핍박들이 많았고 역사의 진행과정에서도 그런 일이 많았다. 앞으로도 그런 시도들이 많이 집행되고 추진될 것이다.

  앞으로도 이방종교들과 적그리스도 세력들은 모든 것을 동원하여 그리스도교의 복음을 전파하지 못하게 할 것이다. 또 복음을 받아들이는 것도 막을 것이다. 그것은 그냥 제도적으로 막는 수준이 아니라 물리적인 힘과 폭력을 동원하여 사람들을 협박하고 죽임으로 복음전파를 전적으로 막을 것이다.

  적그리스도의 나라가 세워지면 복음을 전파하는 교회는 극심하게 핍박을 받을 것이다. 전 세계적으로 완전히 제도적인 핍박을 감행하므로 순교자들이 많이 생길 것이다. 이에 비례하여 배도가 극단적으로 확장될 것이다.

제4절 백성을 다 모음으로 역사가 마감됨

그리스도는 구원을 완성하기 위해서 다시 오신다. 그러므로 그가 다시 오실 때는 구원이 완성되는 때이다.

마지막 날까지 하나님의 백성들이 다 지목되고 모아져서 하나님의 교회에 충만히 차게 될 것이다. 마지막 선택자가 태어나서 주 예수를 믿어 구원받으면 역사의 마지막이 이루어질 것이다.

이로써 역사가 그 소임을 다한 것이다. 더 이상 역사가 진행될 필요가 없어진다. 역사는 하나님의 백성이 태어나서 훈련받는 훈련장이기 때문이다.

역사는 무의미한 사건들의 발생 장소가 아니다. 역사는 하나님의 백성이 출생하여 양육 받는 자리이다. 그러므로 역사는 확실한 목표를 향하여 진행한다.

역사는 창조주이신 구속주가 주재하신다. 역사의 목표는 하나님의 창조경륜의 성취이다. 믿는 사람들이 하늘의 도성을 이룰 것으로 작정되어 있기 때문이다.

이들이 다 구원받게 되면 역사의 주재이신 구속주가 다시 땅 위에 오신다. 그때가 언제인지는 아무도 지목할 수 없다 (막 13:32). 오직 역사의 주재만이 그날과 때를 알고 역사를 진행하신다.

3.4.1. 역사의 완성: 백성 가운데 하나님이 충만 임재

하나님의 백성 모집이 다 이루어지면 구원을 완성하기 위해서 구속주가 다시 오신다. 다시 오시는 구속주는 믿는 사람들을 부활시켜 영생에 이르게 하신다. 이 방식으로 그리스도는 백성 모집을 완성하고 확정하셔서 영원히 창조주 하나님을 경배하게 하신다.

곧 그리스도는 구원받은 백성 가운데 하나님의 임재를 충만하게 도입하신다. 이때 하나님이 구속받은 백성들 가운데 충만하게 거주하신다 (계 21:3). 이것이 하나님이 처음 창조에서 목표하신 창조경륜이다.

창조주 하나님은 창조경륜을 이루셨으므로 백성 가운데 충만히 거하셔서 만유 안에 만유가 되신다 (고전 15:28; 엡 4:6; 골 3:11).

하나님을 모신 백성들은 하나님을 영원히 찬양하고 경배한다 (계 21:3-7). 하나님은 영원무궁하도록 그리스도의 피로 구속받은 백성 가운데 거하시며 찬양과 경배를 받으신다 (계 21:3-4; 22:3). 창조경륜이 온전히 성취되었기 때문이다.

창조주는 또 만물을 완전히 새롭게 하신다 (계 21:5). 이로써 더 이상 악과 사탄의 권세가 새 백성에게 역사할 수 없게 된다 (계 20:10; 22:3). 악이 완전히 소제되어 새 하늘과 새 땅이 되었기 때문이다 (계 21:1, 5, 8, 27; 벧후 3:13).

제4장

종말과 종말시대

Consummatio Consilii Creationis
Consummatio Consilii Creationis
Consummatio Consilii Creationis

제1절 역사의 시작

　창조주는 무한한 권능과 지혜로 세계를 단번에 무에서 창조하셨다 (창 1:1). 그리고 창조된 우주를 빛으로 운동시키셨다 (창 1:3-5). 창조주는 우주를 운행시키시어 시간을 시발시키셨다. 창조주는 천체의 운동으로 시작된 시간이 사람 창조 후에는 인류의 역사가 되게 하셨다.

제2절 역사상의 첫 큰 사건: 반역

　역사가 시작된 이래 두 가지 큰 일이 생겼다. 첫째는 인류가 창조주 하나님을 반역한 일이다.
　하나님은 사람으로 하여금 창조주 하나님을 섬기게 하기 위해 첫 사람과 언약을 체결하셨다 (창 2:17). 그런데 아담이 유혹을 받아 창조주만을 하나님으로 섬기기로 한 것을 거부하고 자기가 하나님과 동등한 자주자로 서기로 하였다. 이 범죄가 인류역사상 일어난 첫 번째 큰 사건이다.

범죄하지 않았으면 영원히 살 수 있게 창조되었는데, 아담의 범죄로 죽음이 모든 인류세계의 법이 되고 모든 생명체들 위에도 효력을 발휘하게 되었다.

이로써 하나님은 백성을 상실하게 되었다. 하나님을 찬양하고 경배하며 섬기는 백성들이 없어졌으니 큰 낭패였다.

제3절 두 번째 큰 사건: 반역한 백성을 구원하심

하나님은 역사의 되돌림을 작정하셨다. 비록 반역한 백성이지만 하나님은 그들을 돌이켜 다시 자기의 백성으로 삼기로 하셨다.

반역한 백성을 하나님의 백성으로 돌이키기 위해서 창조주 하나님은 큰 희생을 치르기로 하셨다. 반역죄를 무효화하여 다시 자기의 백성으로 삼는 일을 하나님 자신이 친히 이루기로 하셨다.

창조 중보자 곧 창조주가 사람이 되어 십자가에서 피 흘려 죽어 인류의 죗값을 갚으심으로 반역한 백성들을 다시 돌이키기로 하셨다. 이 구속사역을 믿는 자들을 다 죄가 없다고 하시고 영생을 주시어 다시 자기의 백성으로 삼기로 하셨다 (요 3:16-18). 하나님을 반역하므로 다 죽도록 작정된 자들이 이 구속사역을 믿으면 죄를 용서하시고 의롭다고 하셔서 영생에 이르게 하셨다.

제4절 구원사역: 종말론적 사건

반역한 백성을 다시 구원하심이 역사 안에서 일어난 두 번째 큰 사건이다. 이보다 더 큰 사건은 인류역사에 다시 없으므로 이 구원사역이 종말론적인 사건이다.

하나님은 구속사역으로 처음 범죄한 백성들을 다시 돌이켜 자기의 창조경륜을 이루기로 하셨다. 창조주는 다시 자기의 백성을 가지시고 그들 가운데 거하시며 찬양과 경배를 받기로 정하셨기 때문이다.

구원사역의 완성으로 역사의 종말이 이루어진다. 역사를 종결하는 것은 역사가 스스로 하는 것이 아니고 역사의 주재만이 종결하신다.

대주재가 하나님의 충만한 임재를 백성들에게 도입하므로 역사를 마감하신다. 죄와 악을 완전히 제거하시고서 하나님이 백성들 가운데 충만히 거주하시므로 (계 21:3) 만유 안에 만유가 되신다. 이것이 하나님이 처음 창조 시에 목표하신 하나님의 나라이다.

제5절 구속사역으로 하나님의 충만 임재

역사가 종결되고 하나님의 임재가 구원 얻은 백성들에게 충만하게 되는 일이 온다. 이것이 바로 구원의 완성이다. 이 구원 완성이 이루어지면 백성들은 하나님을 모시고 영원히 살면서 하나님을 섬기고 찬양하고 경배한다. 하나님이 구속사역으로 창조경륜을 다 이루셨으므로 백성들로 영생을 얻어 영원히 하나님을 섬기게 하신다.

제6절 중간시대: 종말시대

지금은 구원 사건과 역사의 마침의 중간시대이다. 이 중간시대를 오히려 종말시대라고 해야 타당하다.

하나님 자신이 구원을 이루셨으므로 이 구원은 완전한 구원이다. 완전한 죄용서를 주시고 백성들 안에 성령이 내주하게 하심으로 완전한 영생을 약속하셨다. 그리고 실제로 영생을 소유하게 하셨다. 종말세계의 생명이 그리스도의 구속사역으로 사람들에게 지금 주어졌다. 곧 종말세계가 현 세계에 도입된 것이다.

제7절 죄용서와 칭의: 종말론적 사건

그리스도인들이 받은 죄용서와 칭의도 종말론적 사건이다. 종말에 주어질 것을 앞당겨서 받은 것이다. 믿는 자들이 죄용서와 의롭다 함을 받은 것은 궁극적인 구원이어서 종말론적인 사건이다.

제8절 성령 받음: 종말론적 사건

종말세계에서는 사람들이 성령으로 산다. 곧 하나님의 생명으로 사는 것이 종말에서 주어진다. 그러나 믿는 자들이 믿을 때 성령을 받은 것은 구원의 보증으로 받은 것이지만 영원세계에서 받을 영을 미리 받은 것이다. 그러므로 종말에서 성령을 다시 받는 것이 아니다. 따라서 믿을 때 성령을 받는 것도 종말론적 사건이다.

제9절 종말시대: 종말의 새 생명이 들어옴으로

    종말의 생명이 지금 현 세대에 들어왔다. 현 세대는 죄와 악과 죽음으로 덮여 있는 세상이므로 옛 세대이다. 그런데도 종말의 새 생명이 이미 현 세대에 들어왔다. 따라서 지금은 옛 시대와 새 시대가 겹치는 종말시대이다.

    종말시대에는 사람들에게 종말의 새 생명이 늘 들어온다. 즉 주 예수의 구원사역이 종말시대를 도입하였다. 그러므로 2,000년 전 처음 구원이 이루어진 때나 지금이나 다 종말시대이다.

    주 예수가 사망 권세를 깨뜨리고 부활하사 종말의 새 생명을 도입하셨다. 우리가 사는 시대가 옛 시대이므로 죄와 악과 죽음이 진행되고 있다. 또 옛사람의 삶의 방식이 진행되고 있지만 새 생명의 삶의 방식도 우리 속에서 진행되고 있다. 그러므로 현 세대가 종말시대이다.

    새 생명은 영원한 생명인데 그리스도가 획득하셔서 적용하시므로 우리 가운데 역사한다. 그 생명은 영원한 생명이어서 영원에까지 이른다.

제10절 그리스도의 구원 사건: 종말론적 사건

종말 (eschaton)은 창조의 처음 (proton)에 상응한다. 만물의 시작이 만물의 완전한 갱신과 상응한다.

그런데 그 중간에 종말론적인 구원 사건이 발생하였다. 이 사건은 시간의 끝에 생기지 않았다. 역사의 한복판에서 생겼다. 그러나 이런 구원 사건은 다시 발생하지 않는다. 그 구원 사건이 마지막이고 궁극적이다. 곧 종말론적 사건이다.

예수 그리스도의 십자가 위의 죽음과 부활 사건은 하나님이 그의 지혜로 마련하신 유일한 구원의 방책이다. 이 구원 사건은 하나님이 아브라함 때부터 2,000년 동안 미리 계시하고 가르치고 준비하여 이룩하신 사건이다.

역사 안에서 이보다 더 큰 구원 사건은 결코 생기지 않는다. 종말은 현세에서 이미 시작되었고 주의 재림에서 완성될 것이다.

제11절 역사의 종말: 구원의 완성

주 예수께서 다시 오셔서 모든 믿는 자들을 영광으로 부활시키시면 하나님의 구원사역이 완성된다. 부활에서 그리스도인들이 죄와 허물과 죽음에서 벗어나 영원한 생명에 이르고 하나님의 영광에 이르게 된다. 구원받은 백성이 하나님의 백성으로 온전하게 회복되어 창조주요 구속주이신 하나님을 영원히 찬양한다. 그때 하나님이 부활한 새 인류에게 오사 그들 가운데 충만히 거주하시므로 하나님의 창조경륜이 완전히 성취된다. 하나님은 구원받은 백성 가운데 거하시며 넘치는 찬송과 영광을 받으신다. 이것이 구원의 완성이다. 구원의 완성이 바로 역사의 종말이다.

제5장

주의 다시 오심의 징조들

Consummatio Consilii Creationis
Consummatio Consilii Creationis
Consummatio Consilii Creationis

역사의 대주재가 역사를 주재하신다. 역사의 주재는 역사가 끝에 도달하는 시기를 알리는 징조들을 두셨다. 역사의 끝은 역사의 주재가 시간 내로 다시 오심으로 이루어진다. 따라서 주의 다시 오심이 어떻게 이루어질 것인지 그 징조들로 표시하셨다.

5.0.1. 마지막 날의 징표들을 제시

종말시대는 언제든지 종말이 이루어질 시대이다. 종말시대는 해산이 임박한 임산부의 상태와 유사하다. 언제든지 아이를 낳을 수 있다. 그러나 날을 확정할 수 있는 것은 아니다. 마찬가지로 종말이 언제 이루어질지 아무도 모른다.

그러나 종말은 임박해 있다. 마지막 날은 확정할 수 없지만 그날은 언제든지 들어올 수 있다. 마지막 날이 들어올 문이 항상 열려 있기 때문이다.

종말시대는 역사의 마지막 날이 언제든지 이루어질 수 있는 시간대이다. 그러므로 마지막 날이 이루어질 징조들도 늘 나타난다.

5.0.2. 그리스도가 재림의 징표를 알림

그리스도는 자신의 재림을 미리 알리는 사건들과 때의 징조들을 제시하셨다. 마 24:4-14, 29-36; 막 13:5-13, 21-37; 눅 21:7-33에 마지막 날의 징조들이 밝혀져 있다.

5.0.3. 마지막 날은 지목되지 않았음

그리스도는 마지막 날이 언제일지는 말할 수 없다고 밝히셨다 (마 24:36; 막 13:32). 그날과 그때는 아무도 모르는데 하늘의 천사도 모르고 아들도 모르고 아버지만이 아신다고 하였다. 아레안파들은 이 진술을 그리스도의 피조물 됨에 적용하였다. 무지가 피조물의 특징이기 때문이다.

그러나 아우구스티누스는 전혀 달리 제시하였다. 아들이 모른다고 한 것은 알지 않기로 한 것이라고 해석하였다. 혹은 말하지 않기로 한 것이다. 이 해석이 정당하다.

만일 아들이 하나님으로서 마지막 날을 알고 있다고 시사하면 제자들이 그날을 지정하기를 강하게 요구하였을 것이 확실하다. 그러면 도덕적 당위 때문에 마지막 날을 지목하지 않을 수 없었을 것이다.

마지막 날을 지목하였으면 인류의 생활이 정상적으로 운행될 수 없게 된다. 또 마지막 날이 멀리 있는 것으로 제시되면 믿는 자들도 죄짓는 일에 용맹해질 것이다. 모든 사람들에게 행한 대로 곧 믿었느냐 안 믿었느냐에 따라 갚기 위해서 마지막 날을 지목하지 않으신 것이다.

Consummatio Consilii Creationis
Consummatio Consilii Creationis
Consummatio Consilii Creationis

사람들의 행적에 대한 정당한 평가는 각 사람이 자기의 작정과 원함대로 행했을 때 가능한 일이다. 그러므로 마지막 날의 성격 때문에 날을 지목할 수 없었고 지목할 필요도 없었다.

그리스도는 마지막 날을 지목하지 않는 대신 그날의 징조를 제시하셨다. 마지막 날은 반드시 온다. 그러나 그날을 예측하거나 확정하는 일을 아무도 할 수 없다. 마지막 날이 가까이 옴을 예측하도록 징조들을 지표로 세우셨다.

5.0.4. 적그리스도의 출현, 전 세계적인 복음선포, 배도, 천체의 요동

그리스도가 제시하신 마지막 날의 첫 번째 징조는 적그리스도 혹은 거짓 그리스도의 출현이다 (마 24:5, 23-24; 막 13:6, 21-22).

다음 징조는 온 세상에 복음이 선포되어 믿기로 정해진 자들이 다 구원에 이르는 것이다 (마 24:14; 28:19; 막 13:10; 행 1:8).

복음선포가 크게 진행됨과 동시에 적그리스도의 출현으로 인해서 대대적으로 핍박을 받는 일과 환란이 강조되어 있다 (마 24:9, 21, 29; 막 13:13, 19-20; 눅 21:11-12).

마지막 징조는 하늘의 별들과 천체들이 흔들리고 자리를 바꾸는 것이다 (마 24:29; 막 13:24-25). 이 변화는 구원 얻은 백성들이 살 세계가 새로운 질서의 세계가 될 것임을 말한 것이다 (계 20:11; 21:1, 5, 23-24). 곧 구원받은 인류가 살 장소를 중심으로 온 별자리들이 새롭게 자리를 배정받는 것을 말한다.

5.0.5. 바울의 제시: 배도와 멸망의 아들의 출현

바울은 살후 2:1-12에서 마지막 날이 가까이 올 징조로 배도와 불법의 사람 혹은 멸망의 아들이 나타날 것을 밝혔다. 불법의 사람이 나타날 때에 불법도 역사할 것을 밝혔다. 적그리스도는 그리스도의 재림의 때까지 역사할 것이다. 그리고 적그리스도의 출현으로 배도가 전 세계적이 될 것임을 밝혔다.

바울이 제시한 징조의 핵심은 배도와 불법의 사람의 출현이다.

5.0.6. 사도 요한의 제시: 적그리스도의 출현, 배도, 환란

사도 요한은 요일 2:18-22; 4:3에서 마지막 날의 징조로 적그리스도의 출현을 제시하고 있다. 또 계 13-20장은 짐승으로 표현된 적그리스도 나라와 음녀로 표현된 배도한 교회와 환란과 핍박을 말세의 징조로 제시하고 있다.

여러 성경본문들의 마지막 날에 대한 제시들은 복음선포의 완료와 배도와 적그리스도의 출현이 마지막 날의 징조들임을 말한다. 또 적그리스도의 출현으로 환란과 핍박이 대대적이 될 것이다.

Consummatio Consilii Creationis
Consummatio Consilii Creationis
Consummatio Consilii Creationis

제1절 전 세계적인 복음선포

5.1.1. 베드로의 첫 복음선포

성령이 강림하자마자 베드로와 사도들은 복음선포를 시작하였다 (행 2:14-41). 십자가에 죽은 예수를 주와 그리스도로 선포하였다 (행 2:36). 그리고 주를 믿으면 구원을 얻는다고 선포하였다 (행 2:21). 이로써 세례 받아 주 예수를 믿는 사람들이 남자만 3,000명이었다 (행 2:41). 여자를 합하면 주 예수를 믿는 자들이 한 10,000명은 되었을 것이다. 당시에는 여자를 계수하지 않았다.

베드로는 다시 복음선포를 계속하였다. 예수 그리스도가 생명의 주라고 선포하였다. "너희 유대인들이 생명의 주를 죽였으나 하나님이 그를 죽은 자들 가운데서 살리셨다. 그러므로 이 예수를 믿어 죄 없이 함을 받으라"고 하였다. 이 선포에 응하여 남자 5,000명이 주 예수를 믿었다 (행 3:15-4:4). 남자에 여자의 수를 더하면 15,000명은 주 예수를 믿었던 것으로 보인다.

성령강림 후 며칠 만에 주 예수를 믿는 자들이 25,000명에서 30,000명 교회로 성장하였다. 그 후에도 사도들은 예수가 그리스도라고 가르치고 전도하기를 계속하였다. 그리하여 더 많은 사람들이 주의 제자가 되었다 (행 5:42-6:1). 제사장들 중에서도 이 복음의 도에 복종하였고 많은 사람들이 주 예수를 믿게 되었다 (행 6:7).

5.1.1.1. 첫 복음선포에 핍박이 따라옴

복음선포로 교회가 흥왕하므로 유대 제사장들과 바리새인들이 핍박을 가하였다. 스데반의 순교 후에 (행 7:54-60) 대제사장들의 허락 아래 사울이 교회를 크게 핍박하므로 믿는 자들이 사마리아와 유대로 흩어졌다. 그러나 그들이 복음전파를 계속하였다 (행 8:1-4). 빌립이 사마리아에 복음을 선포하고 두 수사도들이 믿는다고 하는 자들을 안수하므로 주 예수를 믿고 성령 받아 교회를 세웠다 (행 8:5-17).

5.1.2. 복음선포가 이방인들에게로 확대됨

빌립은 에디오피아의 내시에게 복음을 전하여 아프리카에 복음이 처음으로 뿌리내리게 되었다 (행 8:26-39).
베드로는 가이사랴에 있는 로마의 군대 백부장에게 복음을 전하여 교회를 이루게 하였다. 이로써 이방인들에게도 복음이 전파되는 문이 열렸다 (행 10:24-48).

5.1.3. 바울의 본격적인 이방인 전도

핍박자 사울이 회개하고 주 예수를 믿으므로 바울이 되었다. 그로 말미암아 복음전파에 새로운 지평이 열렸다 (행 9:1-30). 바울의 이방 선교가 본격적으로 시작되었다. 그는 로마의 모든 이방인들에게 복음을 전하였다 (행 13:1-28:31). 바울은 로마천지와 제국의 수도 로마에서도 복음을 전하였다 (행 28:30-31).

바울이 옥중에서 복음을 전파하므로 로마황실에까지 복음이 전파되었다 (빌 4:22). 또 서바나 (스페인)에까지 복음을 전파하기를 바랐다 (롬 15:23).

5.1.3.1. 로마제국의 복음화

바울이 스페인까지 복음전파를 하지는 못하였지만 로마 전체가 복음을 들었고 로마황실까지 복음이 들어갔다 (빌 1:13). 그리하여 그리스도인 황제가 나타나고 로마 전체가 그리스도의 나라로 변하는 것은 정해진 일이 되었다.

5.1.4. 유럽의 복음화

복음은 다뉴브강을 건너고 갈리아 지방에 정착하며 영국 섬나라에 도달하였고 북유럽을 목표하고 진행되었다. 그리하여 7세기에는 유럽 전체가 그리스도의 복음을 받아들였다.

5.1.4.1. 가톨릭의 전도 확장

16세기 종교개혁에 즈음하여 로마교회가 유럽에서 종교개혁에 내어준 영토를 아시아와 아메리카에서 찾기로 하였다. 그래서 선교사를 인도, 중국, 일본 등지로 보내고 남아메리카에도 대거 유럽 사람들을 보내어 남아메리카를 가톨릭교회의 세력으로 만들었다.

5.1.5. 종교개혁교회의 전 세계적 전도

19세기에 이르러 새로운 변화가 일어났다. 19세기는 자유주의 신학이 정립된 세기이지만 선교의 세기가 되었다. 미국과 영국 등의 종교개혁교회들이 아시아와 아프리카와 대양의 섬들에 선교사를 대대적으로 파송하였다. 그리하여 땅 끝까지 이르러 모든 족속들에게 복음이 전파되게 하라는 명령을 수행하였다 (눅 24:47; 마 28:18-20; 막 16:15-16). 땅 끝까지 복음을 전파하라는 명령을 공간적으로 살피면 온 세계에 다 전파되었다고 볼 수 있다.

아직 복음을 듣지 못한 사람들이 소수 종족들과 개인들로 지구상에 산재해 있다고 볼 수 있다. 특별히 이슬람 종교의 지배 아래 살고 있는 사람들과 힌두교의 지배 아래 있는 사람들이 예수 그리스도의 복음을 듣지 못한 경우를 배제하지 못할 것이다.

그러나 전 세계적으로 복음이 다 전파되어 예수 그리스도의 이름을 다 들었다고 판단하는 것이 정당하다.

오스카 쿨만 (Oscar Cullmann)이 지적한 대로 역사의 끝까지 복음이 전파되어야 끝이 온다고 한다면, 이미 끝이 이르렀다고 판정히기에는 이르다. 세계의 종교들의 판도 때문에 복음전파가 각 개인에게까지 직접 이르는 데는 많은 한계가 있다.

5.1.6. 복음전파의 방해자들

20세기 중반부터 이방종교들이 대대적인 자기방어와 그리스도교의 배척을 수행하므로 복음을 전하기가 매우 어렵게 되었다. 따라서 다음 세대에도 복음을 전하는 것이 매우 어려울 것이다.

또 그리스도교의 많은 교파들이 근본진리를 다 포기하고 자연종교의 방식으로 전락하여 복음을 전하지 않게 되었다.

배도가 문명세계에서는 완전하게 이루어졌다. 자유주의 신학이 교회를 점령하므로 전도의 동력을 상실하였고 복음전도의 절박성은 교회의 의식에서 사라졌다. 전통적인 신학에 부착하는 소수의 교회들은 재정적인 능력과 인적 자원의 부족으로 복음을 전할 자리와 힘이 없다.

교회가 성장한 지역들에서는 사람들이 복음의 전파에 대해 아무런 충격과 감동을 느끼지 못한다. 불신자들도 기존 종교의 생활방식으로 사는 것으로 만족하여 복음을 받아들여야 할 아무런 당위도 느끼지 못한다. 대부분의 사람들이 복음을 받으려고 하지 않는다.

신학이 완전히 현대화하여 교회가 더 이상 복음의 핵심과 신비를 간직할 수 없게 되면 전도의 필요성도 없어져서 완전히 이교화한다.

교회와 신학의 현재 상황대로라면 배도가 완료되었다고 할 수 있다.

제2절 전 세계적인 배도

그리스도교는 2대 교리로 성립한다. 삼위일체 교리와 하나님의 성육신의 교리가 그리스도교의 근본진리이고 생명이다. 이 교리들에 교회가 기초하고 서 있다. 교회가 이 교리들을 믿고 고백하며 계속 지키면 교회는 그리스도의 교회로 존속하고 번창한다.

그러나 교회가 이 두 교리 중에서 하나나 둘 다 부정하면, 교회는 그리스도의 교회로 살아남을 수 없게 된다. 삼위일체 교리를 부정하면 성육신의 교리도 자동으로 부정된다. 반대로 성육신 교리를 부정하면 삼위일체 교리도 자동으로 부정되어 교회가 성립할 수 없게 된다.

이단들도 교회의 근본진리를 부정하므로 교회로서 오래 존속하지 못하고 시간이 지나면 다 소산된다.

5.2.1. 배도의 첫 단계: 슐라이어마허가 신학을 완전 변조

5.2.1.1. 이성으로 신학을 다시 세움

인간의 이성은 이성으로 증명할 수 있는 것만 진리로 받는다. 인간의 이성이 도달할 수 있는 세계는 인간의 경험세계이다. 감각기관을 통해서 들어온 표상들 혹은 지각들을 모아서 지식을 구성한다고 칸트(Kant)가 확정하였다. 그리하여 이성으로 사물의 본질을 파악한다는 것도 불가능하고 초월의 세계 혹은 초자연의 세계는 지식의 대상이 될 수 없다고 단정하였다.

따라서 전통적인 신학은 지식의 영역에 속하지 못한다고 단정하였다. 칸트의 철학을 따라 슐라이어마허는 신학도 학문으로 인정되려면 감각경험의 영역에 국한해야 한다고 하였다. 그래서 종교를 감정의 영역에 소속시켰다. 또 종교를 순전한 의존 감정으로 정의하였다. 이제 종교는 감정의 일이 되었다.

5.2.1.2. 하나님을 순전한 의존 감정의 표현으로 정의

슐라이어마허 (F. Schleiermacher, 1768-1834)는 순전한 의존 감정 (schlechthinniges Abhängigkeitsgefühl)의 표현을 신으로 표기하였다. 혹은 자기 자신이 완전히 의존적이라고 느끼는 것을 발언하는 것이 신이라고 하였다 (der Christliche Glaube, § 4, 4; § 8, 3).

이런 신학에서 하나님은 더 이상 자존하신 하나님이 아니고 창조주도 아니다. 사람이 갖는 감정의 흥기 혹은 의존 감정 외에는 아무것도 없다. 하나님의 계시도 이성의 자기 흥기 외에 다른 것이 아니다. 그러면 하나님의 계시에서 하나님을 아는 지식을 구하는 신학적 작업은 아무런 대상이 없는 의존적인 감정의 표현 외에 아무것도 아니게 되었다.

슐라이어마허가 전통적 신학을 완전히 바꾸었다. 그가 신학을 완전히 재구성하므로 전통적인 그리스도교 신학이 감정의 흥기를 표현하는 자유주의 신학으로 대체되었다. 따라서 전통적인 그리스도교 신학이 완전히 방향 선회를 하였다. 교회의 근본 교리인 삼위일체 교리와 그리스도론의 교리가 완전히 부정되고 폐기처분되었다.

5.2.1.3. 예수 그리스도는 한낱 인간일 뿐

슐라이어마허에 의하면 예수 그리스도는 존재론적으로 하나님의 아들이거나 성육신이 아니다. 충만한 신의식 때문에 하나님의 아들로 인정된다고 주장하였다. 신의식은 전적인 의존 감정 외에 다른 것이 아니다 (der Christliche Glaube, § 94, 2; § 96, 3).

5.2.1.4. 구원 개념도 완전히 바꿈

슐라이어마허는 사람이 예수를 믿으면 그의 신의식에 동참하게 된다고 하였다. 예수는 충만한 신의식을 가지므로 행복하였다는 것이다. 그래서 믿는 자가 예수의 행복에 동참하는 것을 구원이라고 정의하였다 (CG, § 100, 2; § 101, 2).

슐라이어마허의 신학의 변조로 그리스도교는 더 이상 그리스도교가 아니게 되었다. 따라서 사람들은 교회를 등지고 교회에 나가지 않게 되었다. 그 대신 다른 감정적인 향유로 종교를 대치하였다.

5.2.2. 배도의 완성: 발트의 신학 작업

20세기에 이르러 교회가 배도의 길로 더욱 본격적으로 들어갔다. 칼 발트가 그 작업을 수행하였다. 발트는 개혁신학의 용어들로 자기의 신학을 교묘하게 덮어 신학계로 하여금 전통적인 신학으로 오해하게 만들었다. 발트는 삼위일체 교리, 성육신의 교리, 자존하신 하나님과 구원의 도리 등을 전적으로 부정하였다.

이런 방식으로 그의 신학 작업은 배도를 완료하였다.

5.2.2.1. 성경을 완전히 달리 정의

발트는 성경이 하나님의 말씀이라고 선언하였다. 그러나 그는 성경이 그 자체로 하나님 말씀일 수 없다고 단언하였다. 왜냐하면 고대 중동의 신화와 전설과 싸가 (saga)로 성경이 구성되어 있고 또 오류도 많기 때문이라고 하였다. 그렇지만 성경이 하나님의 말씀이 될 수도 있다고 하였다 (Kirchliche Dogmatik, I/1, 101-194). 발트는 기록된 성경이 하나님의 말씀이 아니라 그리스도 안에서 이루어진 신인합일을 하나님의 말씀이라고 제창하였다.

5.2.2.2. 삼위일체를 계시의 세 계기로 바꿈

발트는 전통적인 삼위일체 교리를 완전히 바꾸어서 하나님은 세 위격일 수 없다고 하였다.

세 위격이면 세 하나님이 되어 다신교가 된다는 것이다. 그러므로 위격을 존재방식 (subsistentia, Seinsweise)으로 바꾸어야 한다고 주장하였다. 하나님은 계시에서 계시자와 계시함과 계시 내용으로 나타난다. 그런데 계시의 세 계기들은 구분되지만 분리되지 않고 일치한다. 이렇게 한 하나님이 계시에서 세 존재방식 곧 계시자와 계시함과 계시 내용으로 계신다. 이것이 삼위일체라는 것이다 (KD, I/1, 314-403; III/1, 204-208).

5.2.2.3. 하나님의 존재는 행동과 사건

발트는 자존하신 하나님도 없애버렸다 (KD, II/1, 320-395). 하나님의 존재는 행동과 사건이다. 그는 행동과 사건 뒤로 돌아가서 하나님의 존재를 붙잡을 계기는 없다고 단정하였다.

그러면 그 하나님은 어디 계시는가? 발트는 답하기를 하나님은 인간 예수 그리스도 안에 있다고 단언하였다. 이에서 나아가 "하나님이 예수 그리스도이고 인간 예수가 하나님이시다" (KD, II/1, 288-361)라고 주장한다. 그런데 예수 그리스도는 죄를 철저히 회개한 죄인일 뿐이다 (KD, IV/4, 64-67). 결국 자존하신 하나님은 결코 존재할 수 없다는 것이 그의 결론이다.

발트는 다른 신앙조항들도 완전히 현대적으로 해설하여 배도를 완성하였다.

5.2.3. 배도의 완성: 폴 틸리히의 존재 신학

틸리히는 하나님을 존재 자체 혹은 존재의 힘으로 대치하였다. 만일 신이 최고 존재자라거나 창조주라고 하면 하나의 존재물이 되어 궁극적 존재가 되지 못한다는 것이다. 그러므로 신은 존재 자체 또 존재의 기반 혹은 존재의 힘이라고 해야 한다는 것이다 (Systematic Theology, I, 207-233).

신의 실재를 말할 때 틸리히는 신은 궁극적 관심사를 대변하는 것이라고 단정하였다. 궁극적 존재가 있어서 거기에 관심을 기울이는 것이 아니라 사람이 궁극적 관심을 나타내는 것이 신이라고 하였다 (ST, I, 235-279).

그러면 왜 틸리히는 예수를 그리스도라고 하는가? 인간 예수에게 새로운 존재가 나타났다는 것이다. 그래서 예수는 새 존재의 담지자이므로 그리스도라는 것이다 (ST, II, 136-159).

그의 논리대로라면 자존하신 하나님 혹은 창조주는 말할 가치도 없는 신화일 뿐이다.

5.2.4. 배도의 완성: 몰트만의 십자가 사건

몰트만은 삼위일체를 인간 예수가 십자가상에서 당한 고통의 교류의 사건으로 대체하였다. 인간 예수가 가상적 존재를 아버지라고 불렀는데 아무런 답을 못 받고 죽었다. 그렇지만 아버지가 아들이 당하는 고통을 자기의 것으로 삼았다는 것이다. 이 고통이 아들에게서 나와서 아버지에게로 가는 것을 영이라고 몰트만은 정하였다. 이 고통의 교류가 삼위일체라는 것이다. 그러면 삼위일체는 하늘에 있는 원 (圓, Kreis)이 아니고 십자가상의 고통의 교류의 사건일 뿐이다 (Der Gekreuzigte Gott, 184-267).

이런 신학에서는 하늘에 계시는 창조주, 인격적인 하나님은 성립할 수 없게 되었다.

5.2.5. 배도의 최종 완성: 로마교회의 종교다원주의 교리화

로마교회는 바티칸 공회의 (1962-1965)를 열어 종교다원주의를 교리로 확정하였다. 칼 라아너의 신학에 근거하여 그렇게 정하였다.

5.2.5.1. 종교다원주의의 교리화

바티칸 공회의는 아브라함의 자손들과 중동의 모슬렘들에게 자동적인 구원을 허용하였다. 그리고 상징의 빛 아래서 진리를 찾는 사람들에게도 영원한 구원이 보장될 수 있다고 하였다 (Constitutio dogmatica de ecclesia, De populo Dei, art. 16).

이런 종교다원주의 교리는 예수 그리스도와 그의 구원사역과 상관없이 영원한 구원을 이방인들에게 허용한 것이다.

5.2.5.2. 종교다원주의 교리의 신학적 근거

칼 라아너 (Karl Rahner, 1904-1984)는 종교다원주의를 교리화하도록 신학적 근거를 마련하였다. 라아너는 존재와 존재자의 도식으로 완전히 새로운 신학을 구성하였다. 하나님이 창조주이면 하나의 존재자이다. 존재자는 궁극적 존재가 될 수 없다. 그래서 존재 자체를 창조주로 하나님으로 세웠다 (Grundkurs des Glaubens, 54-96).

그러면 인간 예수는 어찌 그리스도 혹은 절대적 구주인가? 라아너에 의하면 예수 그리스도는 자기 초월을 하고 또 존재 자체의 존재 통보를 받아서 예수의 자기 초월과 합쳐졌다는 것이다. 그래서 예수 그리스도가 절대적 구주라는 것이다 (Grundkurs, 180-312). 그의 신학은 예수 그리스도는 한낱 사람으로서 아무런 구속사역을 히지 않았는데도 이런 영예로운 칭호를 부여하였다.

그러면 구원은 무엇인가? 구원은 내세에 누릴 영생 같은 것이 결코 아니다. 사람이 현세에서 자기를 실현하는 것 곧 자유를 실현하는 것이 구원이다 (Grundkurs, 143-179).

그러면 죄는 무엇인가? 죄는 존재의 존재 통보를 거부하는 것이다. 원죄도 동일하다. 인류역사의 시작부터 존재 통보가 있었는데 그 통보를 받기 거부한 것이라고 한다 (Grundkurs, 97-142).

그러면 창조는 무엇인가? 창조는 인과적인 사건이 아니다. 존재 자체가 존재를 통보하여 현재와 같이 존재자들이 있는 것을 창조라고 한다 (Grundkurs, 122-138). 이와 같이 라아너는 전통적인 신학을 완전히 현대화하여 그리스도교를 연기처럼 날려버렸다.

5.2.5.3. 로마교회가 이방종교가 됨

로마교회가 전통적인 신학을 버리고 라아너의 신학을 영입하여 종교다원주의를 교리화함으로 완전히 배도하였다. 그리스도교 보수의 최후 아성이라고 주장하고 자랑하던 로마교회가 완전히 이방종교가 되었다.

5.2.6. 이슬람과 이방종교들의 발흥

교회에서 배도가 완료되었다. 교회는 문을 닫고 이방종교들은 날로 번창한다. 미신과 토속신앙이 대대적으로 부흥하였다. 배도가 대대적으로 이루어졌다. 전통적인 신앙과 신학을 가진 교회들은 극소수로 전락하여 아무런 힘을 행사할 수 없게 되었다.

선교도 할 수 없게 되었다. 이방종교들의 반대와 저항을 크게 만나게 되어 선교는 거의 불가능한 것으로 판명이 났다. 사람들이 복음을 들으려고 하지 않고 구원의 필요성을 전혀 느낄 수 없게 되었다.

이슬람교는 중동 전체 인구를 지배하고 있다. 아프리카에서는 적도 이남까지 포교가 진행되어 이슬람으로 대대적인 개종이 이루어지고 있다. 아시아에서는 인도네시아, 말레이시아와 파키스탄과 방글라데시가 완전한 이슬람 국가가 되었다. 인도에는 1억 5천만 이상의 모슬렘이 살고 있고, 중국에도 상당한 인구가 이슬람교를 받아들이고 있다. 유럽에도 무서운 속도로 모슬렘이 증가하고 있다. 그래서 2050년에는 자동적으로 유럽을 이슬람 대륙으로 접수할 것이라고 모슬렘들은 공언하고 있다. 이슬람 국가들은 결사하고 그리스도교를 막고 방해하고 있다.

아시아 지역에도 이슬람교가 열심히 확장되고 있다. 이 추세대로 가면 온 세상이 이슬람화될 가능성이 있다.

힌두교는 인도의 인구 10억 이상을 지배하고 있다. 또 유럽과 미국에도 열심히 포교하고 있어서 힌두교도들의 증가는 계속되고 있다.

불교도 포교를 많이 하여 유럽과 미국 등에 많은 추종자들을 갖게 되었다. 일본이 가장 많은 불교도들을 갖고 있지만 세일론, 미얀마, 캄보디아, 태국 등지에 대단한 세력으로 자리잡고 성장하고 있다. 한국에서도 불교도들이 인구의 절대다수를 유지하고 있다.

아프리카와 유럽과 아시아 각국에 토속신앙이 무섭게 부흥하고 있다. 그리스도교가 번창할 때 눌려 있던 토속신앙의 신들이 군대같이 몰려왔다.

아직 적그리스도는 확연하게 나타나지 않았지만 적그리스도가 나타나기에 적합한 상황이 되었다.

이런 상황에서 마지막 날을 세는 시도가 없을 수 없다. 그렇지만 사람의 예언과 예견은 결코 맞을 수 없으므로 마지막 날을 계산하거나 예언하는 일은 부질없는 일이다.

제3절 적그리스도의 출현과 대대적인 핍박

사도 요한은 1세기 자기가 살고 있던 때에 이미 적그리스도가 출현하였다고 주장하였다. 그러나 지금 이해되는 적그리스도는 전 세계의 통치권과 종교권을 장악한 악의 화신으로 인식되고 있다.

5.3.1. 성육신을 부정하는 적그리스도들

사도 요한은 예수 그리스도가 하나님의 아들로서 성육신하여 육체로 세상에 오셨음을 부정하는 자들을 적그리스도로 지목하였다. 이렇게 그리스도의 육신으로 오심을 부정하는 많은 사람들이 출현하였기 때문에 마지막 때라고 규정하였다 (요일 2:18-23). 그리스도를 부인하는 자들이 적그리스도이면 마지막에 나타날 적그리스도의 예표들이 1세기부터 이미 있었다.

사도 요한은 하나님의 아들 예수 그리스도가 육신으로 오신 것을 부인하는 자들은 모두 다 적그리스도의 영을 가진 자들로 보았다 (요일 4:1-3). 이것은 적그리스도가 언제든지 출현할 수 있음을 암시한 것이다.

그렇다면 예수 그리스도의 구원사역이 이루어진 때부터 그리스도의 성육신과 그의 구원사역을 전적으로 부정하는 신학적 주장들이 제기되었음을 알 수 있다. 즉 적그리스도의 출현은 그리스도의 구속사역을 이룬 직후부터 시작되고 준비되었다고 말할 수 있다. 마지막 적그리스도는 그리스도가 하나님의 아들이심과 그가 성육신하여 구원사역을 이루어 온 인류를 구원하신 사실을 철저히 부정하는 자가 될 것임을 알 수 있다.

5.3.1.1. 복음서에 제시된 적그리스도

복음서에는 적그리스도를 거짓 그리스도로 제시한다 (막 13:21-22; 마 24:4-5). 그런 적그리스도들은 많다. 적그리스도는 그리스도의 이름으로 오기 때문에 적그리스도이다. 마 24:4-5에는 많은 사람들이 그리스도란 이름으로 와서 사람들을 유혹하여 믿음의 길에서 벗어나게 한다고 기록되어 있다. 그러므로 그들이 적그리스도이다.

적그리스도들은 늘 새롭게 나타나 자기들을 그리스도라고 주장할 자들임이 확실하다. 적그리스도는 하나만이 아니고 많이 나타나고 여기저기 사방에 있을 것임을 말한다 (마 24:4-5).

거짓 그리스도들이 많이 와서 여러 곳에서 자기들이 그리스도라 주장하며 기사와 이적을 행할 것이다. 그리하여 믿는 자들을 미혹하여 믿음에서 떠나 자기들을 좇도록 할 것이다 (막 13:21-22).

이 적그리스도들은 자기들을 재림한 그리스도라고 주장할 것임이 확실하다.

5.3.1.2. 사도 요한이 제시한 적그리스도

사도 요한은 적그리스도가 마지막 날 직전에 일어날 것이 아니라 이미 왔다고 주장하였다. 예수 그리스도가 하나님의 아들이신데 성육신하여 오셨음을 부인하는 자들이 적그리스도들이라고 하였다 (요일 2:18-22; 4:1-3). 곧 적그리스도들은 삼위일체 하나님과 아들의 성육신을 부정하는 자들이다. 즉 신학적 적그리스도들이다.

5.3.2. 신학적 적그리스도들

그리스도교의 근본진리 곧 삼위일체 하나님과 하나님의 성육신을 부정하는 사람이 적그리스도이다. 신학적으로 적그리스도는 19세기에 본격적으로 시작되었음을 알 수 있다.

5.3.2.1. 배도의 시발자: 슐라이어마허

19세기 초엽에 슐라이어마허 (Friedrich Schleiermacher, 1768-1834)는 삼위일체를 부정하는 신학적 작업을 완수하였다. 그는 하나님을 순전한 의존 감정으로 바꾸었다. 혹은 하나님이란 표현 (Ausdruck Gott)은 순전한 의존 감정을 발언함이라고 정의하였다 (und also der Ausdruck Gott eine Vorstellung voraussetzt: so soll nur gesagt werden, dass dieselbe, welche nichts anders ist als nur das Aussprechen des schlechthinnigen Abhängigkeitsgefühls,; der Christliche Glaube, Walter De Gruyter & Co, 1960, § 4, 4).

이 표현에다가 순전한 의존 감정은 신과 관계를 맺고 있다는 것을 의식하는 것이라고 추가한다. 곧 자신이 전적으로 의존적이라고 느끼는 것과 자기 자신이 신과 관계가 있다고 의식하는 것은 같은 것이라고 하였다 (Eben dies ist nun vorzüglich gemeint mit der Formel, dass Sich-schlechthin-abhängig-Fühlen und Sich seiner selbst als in Beziehung-mit-Gott-bewusst-sein einerlei ist; Ibid, § 4, 4).

이런 신학에서 하나님은 자존자 (the self-contained God)가 아니다. 신은 인간 자신이 순전히 의존적이라고 느끼는 것을 발언하는 것 외에 다른 것이 아니다. 하나님이 감정에서 주어진 것이면 (der Christliche Glaube, § 4, 4), 자존하신 하나님은 존재하지 않는다. 하나님은 단지 내가 전적으로 의존되어 있다고 느끼는 것을 말하는 것일 뿐이기 때문이다.

슐라이어마허는 자존하신 하나님을 부정하고 또 삼위일체 교리도 전면 부정하였다. 하나님이 자존자가 아니고 단지 감정의 표현일 뿐이면 삼위일체를 말하는 것부터 전혀 무의미하다.

그리고 그는 그의 저서 《그리스도교 신앙》(der Christliche Glaube)에서 아다나시오스의 삼위일체론과 사벨리오스 (Sabelios)의 일위일신론이 같다고 주장하였다. 자존하신 하나님이 없으니 삼위일체 교리도 성립할 수 없기 때문이다.

슐라이어마허는 성육신의 교리도 완전히 부정하였다. 그에게 있어서 예수 그리스도는 완전한 한 인간일 뿐이다. 그런데 신의식 곧 절대 의존 감정이 가득하므로 하나님의 아들로 불린다고 하였다 (der Christliche Glaube, § 93, 3; § 95, 3). 이에서 나아가 예수 그리스도 안에 완전한 신의식이 있는 것이 그 안에 하나님의 존재가 있는 것이라고 단정하였다 (Ibid, § 94, 2).

슐라이어마허는 사도 요한이 밝힌 신학적 적그리스도이다. 그의 후계자들인 근세신학자들도 동일하게 삼위일체 교리와 성육신의 교리를 부정한다.

슐라이어마허는 삼위일체 교리와 하나님의 성육신의 교리를 완전히 부정하여 모든 개신교회로 하여금 이 신학을 따라가게 하여 교회로 하여금 완전히 배도하도록 만들었다. 따라서 슐라이어마허는 신학적 적그리스도의 첫 반열에 선다.

5.3.2.2. 배도의 진행자: 알브레히트 릿츌

슐라이어마허를 이어서 신학한 19세기 말엽 알브레히트 릿츌 (Albrecht Ritschl, 1822-1889)도 삼위일체 교리와 성육신의 교리를 부정한다.

그리스도가 하나님으로서는 마리아에게서 날 수 없다고 릿츌은 단정한다 (Die Christliche Lehre von der Rechtfertigung und Versöhnung, III, 1884, 1978, 365).

그리스도의 신성 곧 그가 하나님이라고 하는 것은 그가 구원을 위해서 일했다는 가치 평가라는 것이다. 즉 우리의 구원을 위해서 수난 받았다는 가치 평가일 뿐이다 (Rechtfertigung und Versöhnung, III, 366, 369). 그러므로 그리스도의 신성 교리는 신약으로부터 획득할 수 없고 교회가 교회 설립자에 대해서 행한 가치 평가일 뿐이라는 것이다 (Ibid, III, 371).

릿츌의 신학에서도 그리스도는 하나님으로 선재할 수 없다. 그는 그냥 인간 예수이다. 단지 그리스도는 만물이 향하는 목표로 창조되었다는 것이다. 그런 의미에 있어서 예수 그리스도가 만물에 앞선다고 말한다 (Ibid, III, 375). 이렇게 인간으로서 우월한 것을 주라고 표기했다는 것이다 (Ibid, 376).

  이와 같이 릿츌은 하나님의 아들이 육신을 입고 오셔서 십자가에서 피 흘려 죽고 부활함으로 구원을 이루셨다는 것을 다 부정한다. 이러한 면에서 릿츌도 사도 요한이 규정한 적그리스도와 정확하게 일치한다.

5.3.2.3. 배도의 주동자: 칼 발트

  20세기 최대 신학자인 칼 발트 (Karl Barth, 1886-1968)도 삼위일체 교리와 하나님의 성육신 교리를 근본적으로 부정한다.

  발트의 신학에는 삼위일체 하나님이 없다. 하나님은 오직 한 인격적인 한 하나님이시다. 유일한 신적 존재라는 것이다. 한 하나님이 세 위격이신 그런 존재는 있을 수 없다고 한다. 이렇게 하나님 안에 두 위격이 있어서 두 위격 간에 언약을 체결했다면 그것은 우상숭배이고 다신교를 도입하는 것이라고 한다 (Kirchliche Dogmatik, IV/1, 50-70).

  발트의 신학에는 자존하신 하나님이 없다. 하나님의 존재는 행동과 사건이다. 이 행동과 사건 뒤로 돌아가서 그의 존재를 붙잡을 계기가 없다. 그러면 하나님은 어디 존재하는가? 발트는 단언하기를 아들의 인격 안에 존재한다고 한다. 그러면 아들은 누구인가? 아들은 인간 예수이다. 하나님이 인간 예수 안에 존재한다.

  이에서 나아가 발트는 인간 예수가 하나님이라고 선언한다. 하나님이 인간 예수이고 인간 예수가 하나님이다 (KD, II/1, 288-361). 이런 전개로 발트는 자존하신 하나님을 없애버려 무신 (無神) 그리스도교가 되게 하였다.

따라서 발트의 신학에는 하나님의 성육신이 불가하다. 발트에 의하면 예수 그리스도는 시간 내에서 나서 살다가 죽은 사람일 뿐이다. 그뿐만 아니라 우리 죄인들과 마찬가지로 죄를 고백한 죄인이다 (KD, IV/4, 64-65). 예수는 다른 모든 사람들과 함께 물세례를 받았고, 그들과 함께 자기의 죄들을 고백하였다. 아무도 그처럼 숨김 없이 죄를 회개한 사람이 없다고 단언하였다 (So lieβ er ganz mit allen Anderen mit Wasser taufen, bekannte er also ganz mit ihnen seine Sünden.···Keiner hat da seine Sünden so aufrichtig, so ohne allen Seiten auf Andere wirklich als seine Sünden bekannt wie Er,; KD, IV/4, 65). 예수는 물세례를 받으면서 자기의 죄를 회개하였을 뿐만 아니라 철저하게 고백하였다. 예수가 자기의 죄를 고백한 사람이라는 것이 발트 신학의 핵심 중의 하나이다.

더구나 예수 그리스도가 삼위일체 하나님의 제 2 위격이시라면 그는 숨겨진 하나님 (Deus absconditus)이어서 화해자 하나님이 될 수 없다고 한다. 그것은 사람들이 만들어낸 신 형상일 뿐이라는 것이다 (KD, IV/1, 55, 69, 94).

그러면 예수 그리스도의 선재는 무슨 뜻인가? 예수 그리스도가 인격적인 하나님으로서 영원부터 계신 것이 아니다. 그는 하나님의 예정 안에 선재하신다. 하나님의 작정으로 영원부터 있었으므로 하나님의 아들이라고 불린다고 주장하였다 (KD, IV/1, 70).

발트는 대부분의 개신교회로 하여금 배도에 동참하게 만들었다. 따라서 그도 완전한 신학적 적그리스도이다.

5.3.2.4. 배도의 보편주창자: 폴 틸리히

20세기 3대 신학자인 폴 틸리히 (Paul Tillich, 1886-1965)는 그리스도교에서 창조주 하나님을 없애버린 장본인이다.

틸리히는 자존하신 하나님, 창조주 하나님 대신 새로운 신 (神) 개념을 도입하였다. 하나님이 창조주이고 자존하신 하나님이시면 그런 하나님은 한 존재자가 된다. 존재자는 여러 대상들 중에 하나에 불과하다. 그런 하나님은 궁극적인 존재가 되지 못하고 유한의 범주에 들게 된다는 것이다.

그래서 틸리히는 하나님을 존재 자체 혹은 존재의 힘이라고 해야 한다고 주장한다. 하나님은 존재 자체이지 하나의 존재자이면 안 된다는 것이다. 존재자는 궁극적 존재 곧 신일 수 없다. 존재 자체는 유한과 무한을 넘어선다. 그러므로 신은 존재 자체이므로 절대적이라는 것이다 (Systematic Theology, I, 261-279).

신이 존재자이면 시작과 끝이 있고 원인이 있어서 존재하게 된 존재물이다. 따라서 여러 대상들 중의 하나에 불과하다. 그뿐만 아니라 신이 존재자이면 일정한 공간 안에 있게 된다. 또 개별존재자는 보편개념의 특수한 사례로 있게 된다. 그러므로 존재자로서 신은 궁극적인 존재가 못된다고 주장한다 (ST, I, 213-220).

또 틸리히는 존재의 힘을 하나님이라고 정의한다. 존재의 힘은 용기, 소망과 로고스로 바꾸어도 된다고 하였다. 이렇게 틸리히는 하이데거의 실존철학에 의존해서 그리스도교에서 창조주 하나님을 없애버렸다.

창조주 하나님의 존재를 없애버리면 성육신할 수 있는 하나님의 위격이 없게 된다. 그러면 예수는 한낱 인간 예수일 뿐이다. 하나님의 성육신을 말하는 것은 신화일 뿐이다.

그래도 틸리히는 예수는 새 존재의 담지자이므로 그리스도라고 말한다. 예수는 새로운 존재가 나타난 새 존재이므로 그리스도라는 것이다 (ST, II, 102, 136ff).

하나님론에 관한 한 완전한 비신화화를 이룬 사람이 틸리히이다. 폴 틸리히도 가장 합당한 적그리스도이다.

5.3.2.5. 배도의 주동자: 불트만

불트만 (Rudolf Bultmann, 1884-1976)은 신약의 비신화화와 실존적 해석의 시도로 크게 이름을 날렸다.

그는 신약에 나타난 하나님의 아들의 성육신과 구속사역을 다 신화로 여긴다. 선재하신 하나님의 아들을 하나님이 세상에 보내어 성육신하여 십자가에서 인류의 죄를 위해서 피 흘리고 죽었다는 것과 그 후에 부활하였으며 하늘에 오르고 그 후에 심판하기 위해서 다시 오는 것을 다 신화로 여긴다 (Kerygma and Myth, 1961, 1-8; Jesus Christ and Mythology, 11-21).

불트만에게 예수는 한낱 인간 예수뿐이다. 그러므로 불트만은 사도 요한이 규정한 적그리스도이다.

5.3.2.6. 배도의 완수자: 칼 라아너

20세기 로마교회의 대표적인 신학자인 칼 라아너 (Karl Rahner,

1904-1984)는 하이데거의 철학을 받아들여 전통적인 로마교회의 신학을 완전히 현대화하였다.

라아너에 의하면 하나님이 창조주이면 존재자여서 여러 개별 대상들 옆에 있는 하나의 존재자이므로 궁극적인 존재가 될 수 없다. 그러므로 하나님은 존재 자체여야 한다고 주장하였다 (Grundkurs des Glaubens, 1976, 54-96).

또 라아너의 신학에서는 예수 그리스도는 한낱 사람일 뿐이다. 그런데도 예수를 그리스도 혹은 절대적인 구주라고 하는 것은 인간 예수의 자기 초월과 신 곧 존재 자체의 자기 통보가 그 안에 합쳐졌기 때문이라는 것이다. 그러므로 예수 그리스도를 하나님의 성육신이라고 하는 것은 신화이어서 성립할 수 없다 (Grundkurs des Glaubens, 178-312). 이렇게 라아너는 로마교회에서 창조주 하나님을 없애버렸다.

이어서 라아너는 창조와 범죄와 구원과 미래 구원에 관한 교회의 가르침도 다 신화로 해소해버렸다. 그러므로 예수 그리스도는 시간 내에서 나서 살다가 죽으므로 모든 것이 끝난 존재일 뿐이다.

로마교회는 공회의 (Vaticanum II, 1962-1965)를 열어 라아너의 신학에 근거하여 종교다원주의를 교리화하였다. 이로써 로마교회는 전통적인 신학을 완전히 버렸다. 이처럼 라아너는 로마교회로 완전한 배도를 하게 한 장본인이다. 그는 가장 악랄한 적그리스도이다.

5.3.2.7. 완전 배도의 집행자: 로마교황

로마교황은 역사과정에서 종교재판소를 만들어 (1230AD) 많은 이단들과 복음주의 그리스도인들을 살해하는 일을 집행하였다.

그러나 20세기 중반에 이르러 로마교황은 세계종교들의 교황이 되기 위해 종교다원주의를 교리화하는 일을 합법화하여 그 정당성을 승인하였다.

종교다원주의를 교리화한 후에 교황은 점차 전통적인 교리들을 제거하고 무시하는 일을 집행하였다. 먼저는 하나님의 성육신의 교리를 교회 믿음의 영역에서 밀어냈다. 그리하여 예수 그리스도가 하나님의 성육신이 아니라 아버지 요셉과 어머니 마리아에게서 난 보통 사람으로 확정하였다.

그러면 삼위일체 교리가 부정되는 것은 당연한 귀결이다. 삼위일체 교리를 부정하면 그리스도교가 이방종교와 완전히 같아진다. 그리하여 20세기 중반 이후의 로마교황들은 전통적인 로마교회의 하나님이 삼위일체 하나님이 아니라 이방종교들의 신과 같다고 단언하였다. 특별히 교황 프란치스코는 그리스도를 루시퍼의 아들이라고 천명하였다 (Lucifer, Christus est Filius tuus; Pope's Easter Message on April 27, 2014, St. Peter's Square, Vatican, Rome 중에서).

이렇게 로마교회의 수장이 로마교회를 이방종교가 되도록 하는 데 교황의 권위를 활용하였다. 그러므로 로마교황을 적그리스도라 단정하여도 이의가 있을 수 없다. 로마교황은 배도의 완결자이다.

5.3.3. 적그리스도: 불법의 사람, 멸망의 아들

주의 다시 오심을 바라는 열망이 1세기 교회들에서 강하였다. 바울이 세운 데살로니가교회는 주의 재림을 열망하였다 (살전 5:1-8; 살후 2:1-3). 그러나 마지막 날이 곧 이를 것으로 흥분하여 날마다의 삶을 소홀히 하면 안 된다고 바울은 강조하였다 (살후 2:2-3).

바울은 마지막 날 곧 주 예수가 다시 오실 날에 대한 확실한 증거들을 제시하였다. 먼저는 배도하는 일이 있고 불법의 사람 곧 멸망의 아들이 나타날 것이라고 하였다 (살후 2:3-12). 적그리스도를 불법의 사람, 멸망의 아들로 표기하였다.

5.3.3.1. 적그리스도: 하나님의 구원의 법을 바꿈

여기서 바울이 말하는 불법은 하나님이 내신 구원의 법을 허는 것을 말한다. 그리고 성경이 제시하는 구원의 법을 완전히 바꾸고 자기의 법을 세우는 것을 말한다.

예수 그리스도의 피 흘리심과 부활로 인하여 죗값을 지불하므로 죄를 용서받고 하나님과 화해하여 하나님에게로 돌아간 것이 구원의 법이다. 그런데 이 법을 전부 무너뜨리고 적그리스도가 주장하는 법을 세우는 것을 말한다. 불법의 사람은 그리스도교의 근본 교리를 다 부정하여 그리스도교 자체를 불가능하게 만드는 이단이다. 바울은 이런 불법의 사람이 자기가 세상을 떠난 후에 활동할 것으로 보았다 (살후 2:4-7). 그리고 이 불법의 사람이 나타난 후 얼마 되지 않아서 그리스도가 다시 오셔서 적그리스도를 죽이실 것을 말하였다 (살후 2:8).

그러면 적그리스도가 나타날 때는 그리스도의 재림 직전일 것이다. 적그리스도가 활동하고 있을 때 그리스도가 재림하시어 그를 죽이실 것을 바울이 밝혔다 (살후 2:8). 적그리스도는 배도가 거의 완료될 때 나타날 것이다. 혹은 불법의 사람이 배도를 완료할 것이다 (살후 2:3).

배도는 세계의 모든 교회들이 예수 그리스도가 하나님의 아들이심과 그가 피 흘려 구속사역을 하셨음을 부인하는 것을 말한다. 배도는 국지적이 아니라 전 세계적이 되는 것을 말한다.

자유주의 신학은 이런 배도를 완전히 준비하였다. 지금 배도 작업이 완료되었다. 이 배도에 로마교회도 완전히 동참하였다. 오히려 로마교회가 배도에 전력하고 있다.

로마교회는 20세기 후반에 신학을 완전히 바꾸었다. 삼위일체 교리와 성육신의 교리와 창조주 하나님의 존재까지 완전히 부정하였다. 그리하여 로마교회는 하나님이 없는 이방종교가 되었다. 로마교회는 그 자체로 배도를 완료하였다.

5.3.3.2. 불법의 사람, 멸망의 아들

적그리스도는 불법의 사람이요 멸망의 아들이다 (살후 2:3). 이 불법의 사람은 자기를 모든 신들 위에 높여 경배 받을 하나님이라고 주장한다. 자기를 높여서 하나님의 성전에 앉아 자기를 보여 하나님이라고 한다 (살후 2:3-4).

이 적그리스도는 자기를 그리스도라고 하는 정도가 아니라 하나님 자신이라고 주장하여 경배 받는 일을 마다하지 않는다. 그는 하나님의 성전에 앉는다. 그리고 교회 전체 위에 군림하여 자기를 하나님이라고 보이면 많은 사람들이 그를 경배할 것이다.

불법의 사람이 하나님의 성전에 앉아서 신적 존재로 경배 받으면서 지금까지 진행된 믿음과 구원의 법을 완전히 바꿀 것이다. 믿음과 구원의 법을 완전히 바꾸므로 불법의 사람이다.

유대인의 성전은 주후 70년에 파괴되었다. 성전이 헐린 것은 그리스도의 구속사역이 완성되었기 때문이다. 하나님은 구약 성전에서 드린 피 제사를 중단하고 폐지하기 위해서 로마 장군 디도의 손으로 성전을 헐어내리셨다. 하나님의 최종 구원사역이 성취되었기 때문이다.

이런 불법의 사람 곧 적그리스도는 그의 통치 기간에 예루살렘 성전을 세워서 그 성전에 앉는 것으로 볼 수 있다. 또 피 제사를 복구하여 구약의 제사법대로 믿으라고 하여 그리스도의 구속사역을 완전히 부정할 것이다.

그러면 하나님의 성전에 앉아서 자기를 하나님이라고 주장하면서 전통적인 예배방식을 막을 자는 어떤 존재인가? 그는 바로 적그리스도이다. 적그리스도이므로 그리스도의 구속사역을 완전히 부정하고 그로 말미암아 구원 얻는 법을 완전히 바꿀 것이다. 이런 존재가 바로 적그리스도이다.

그리고 자기가 정한 법대로 믿지만 사탄만을 믿으라고 할 것이다.

5.3.3.2.1. 에레나이오스의 가르침: 적그리스도가 모든 배도를 총괄

에레나이오스는 주장하기를 적그리스도는 6,000년의 마지막에 나타날 것이라고 하였다 (Adversus Haereticos, V, 28, 3). 적그리스도가 나타나면 자신 안에 모든 배도를 집중하고 총괄할 것이다 (AH, V, 28, 2). 그는 마귀의 모든 권세를 입고 불법과 악독의 왕으로 나타날 것이다. 그리고 하나님의 성전에 앉아서 자기를 하나님으로 나타내고 그리스도라고 하며 자기만을 섬기라고 할 것이다 (AH, V, 25, 1. 2; V, 28, 2). 그는 마술로 기적과 이적을 많이 행할 것이다. 심지어 불을 하늘에서 내릴 것이다 (AH, V, 25, 1. 2). 사탄의 일을 많이 행할 것인데 그 숫자는 666이라고 하였다. 그러나 이 적그리스도의 숫자가 누구에게 떨어질 것이냐에 대해서는 예언이 성취될 때까지 주의해야 할 것이라고 하였다 (AH, V, 30, 3).

5.3.3.2.2. 개혁자들의 가르침: 적그리스도, 로마교황

그러면 적그리스도는 누구일까? 종교개혁 때 칼빈은 로마교황을 하나님의 성전에 앉은 적그리스도라고 지목하였다. 너무도 바른 교리들을 훼손하고 망쳐버렸기 때문이다 (Institutio, IV, 2, 12).

루터는 교황이 가면을 하고 육체를 가진 사탄이라고 정죄하였다. 왜냐하면 그가 적그리스도이기 때문이다 (Tischreden, 15). 교황이 적그리스도의 영인 것은 영적이기는 하지만 때리고 매어달고 죽임으로 교회를 제거하고 박멸하기 때문이라고 하였다. 터키인은 육체적으로 하나님의 교회를 제거하고 핍박한다 (Tischreden, 125). 그런 면에 있어서 적그리스도는 육체를 가진 마귀라고 하였다 (Tischreden, 126).

또 루터는 교황은 자기가 땅 위의 하나님이라고 주장한다고 하였다 (Tischreden, 126). 교황이 합당히 적그리스도인 것은 그가 하나님의 교회 위에 앉기 때문이다. 왜냐하면 교회에서 드리는 예배 위에 자기를 높여서 하나님이라고 하기 때문이다. 교황은 본질에 있어서 하나님이 아니므로 하늘에 오를 수 없다. 그러므로 그는 적그리스도이다. 그는 성전과 교회에 앉아 자신을 하나님과 예배 위에 높이기 때문이다. 터키인은 적그리스도가 아니다. 왜냐하면 하나님의 교회에 앉지 않고, 악한 짐승이기 때문이다. 그러나 교황은 거룩한 교회에 앉아서 예배와 영예를 자기 것으로 취한다 (Tischreden, 127). 더구나 적그리스도는 피에 굶주려서 불로 반대자들을 벌하므로 그도 불로 벌을 받을 것이라고 루터는 성경을 해석하였다 (Tischreden, 128).

20세기에 이르러 자유주의 신학자들은 교리들을 다 부정해버리므로 배도를 완료하였다. 삼위일체 교리와 성육신의 교리를 완전히 부정하고 배척하였다. 따라서 그리스도의 대속의 죽음과 내세의 구원 등을 다 부정하였다.

또 자유주의 신학은 창조주 하나님을 교회의 신학에서 없애버렸다. 그 자리에 존재 자체를 하나님으로 세웠다. 교리에 관한 한 배도가 완료되었다. 로마교회와 종교개혁의 많은 교회들 특히 세계교회협의회 (World Council of Churches)에 가입된 대부분의 교회들도 완전히 배도한 교회들이 되었다. 그러나 우리나라 교회들의 경우는 좀 다르다고 할 수 있다.

5.3.3.3. 복음서의 가르침에는 적그리스도가 재림 전에 출현

복음서에 나타난 종말 징조들에 관한 주님의 말씀에 의하면 적그리스도가 마지막 날에 나타날 것이다. 많은 적그리스도가 주의 재림 바로 전에 일어날 것이다 (마 24:5-28; 막 13:21-23).

5.3.3.4. 요한일서의 가르침에는 적그리스도가 현재 활동

사도 요한이 요한일서에서 적그리스도에 관해 진술한 것 (요일 2:18-23)을 보면 적그리스도는 혼자가 아니다. 그리고 그리스도의 재림 전에 올 자이지만 사도 요한이 살아 있을 때 이미 적그리스도가 임했다고 선언하였다. 적그리스도의 기본은 예수가 그리스도 곧 하나님의 아들이심을 부인하는 자들이다. 이런 자는 아들을 부인하기 때문에 아버지도 없다고 하였다. 이 면에 있어서는 오늘날 로마교황이 타당하다. 또 주가 다시 오시기 직전에 나타나는 존재가 아니라 일찍부터 적그리스도가 와 있었다고 하는 면에서는 당시의 이단들을 지목한 것임을 알 수 있다.

그러나 교황이 적그리스도가 될 수 있으려면 먼저 하나님의 성전에 앉아서 자기를 하나님이라고 주장해야 한다 (살후 2:4). 앞으로는 교황이 자기를 섬기라고 할지 모르나, 지금으로는 교황이 자기를 하나님의 성전에 앉은 하나님이라고 주장하지는 않았다 (살후 2:3-8). 바울은 말하기를 적그리스도가 믿음의 도를 바꾸었으므로 불법의 사람이라고 하였는데, 주가 다시 오실 때에 이 불법의 사람을 죽일 것이라고 하였다.

5.3.4. 짐승: 적그리스도의 나라

성경에서 짐승은 사탄의 화신 (化身)이다. 짐승은 세상의 정치적 권세를 가지고 하나님의 나라 곧 하나님의 백성을 대적하고 박멸하려고 했던 세상 나라들을 뜻하였다. 그러나 계시록의 짐승 (계 19:20;

20:10)은 악한 자로서 대단한 권세를 가지고, 구속주의 구원을 끝까지 반대하고 하나님의 백성을 전부 잡아 없애려고 하는 정치적 종교적 권세자라고 해야 한다.

곧 짐승은 적그리스도의 나라로 또 그 권세자로 지목된다. 사탄인 용이 짐승 곧 적그리스도 혹은 적그리스도의 나라의 권세자에게 권세를 주므로 적그리스도의 나라가 세워진다 (계 13:4). 따라서 적그리스도의 나라에서는 사탄과 짐승 곧 적그리스도의 나라의 권세자를 경배하게 된다 (계 13:4).

용과 짐승을 경배하기를 거부하는 그리스도인들은 생존이 거부 당하게 된다 (계 13:7-9). 전 세계적으로 그런 핍박이 진행될 것이므로 적그리스도의 나라는 세계단일정부가 될 것임이 확실하다 (계 13:7).

결론적으로 말하면 마지막 때 곧 주의 재림 전에 적그리스도가 출현하여 범세계적인 정부를 세워 그리스도를 더 이상 믿지 못하게 할 것임이 확실하다 (계 13:6-8).

5.3.4.1. 적그리스도의 나라

적그리스도의 나라가 어떻게 세워지느냐는 큰 관심의 대상이다. 힙폴리토스는 적그리스도가 단지파에서 나온다고 하였다 (Treatise, 7, 8, 14). 단지파에서 나온다는 것은 확언할 수 없지만 거짓 유대인들에게서 (계 2:9; 3:9) 적그리스도의 나라가 나온다는 것은 생각할 수 있다.

적그리스도의 나라가 세워지면 복음주의 그리스도인들의 신앙생활을 대폭 제한하고 전통적인 믿음생활을 불가능하도록 엄하게 통제할 것이다. 반대자들에 대한 박해와 살해위협이 계속될 것이다. 주님이 오시기 직전에 적그리스도의 나라가 세워지고 성도들을 핍박할 것이므로 오랜 세월 동안 계속될 것이 아니다. 몇 년 동안 지속할 가능성이 크다.

주 예수 그리스도가 하신 말씀대로 될 것이다. "그날들을 감하지 아니할 것이면 모든 육체가 구원을 얻지 못할 것이나 택하신 자들을 위하여 그날들을 감하시리라"(마 24:22).

그 기간에 환란과 핍박이 극심할 것이다 (마 24:21; 계 7:14). 그러나 주님이 구원하신 백성들 때문에 그냥 적그리스도의 핍박에 모든 것을 내어 맡기지 않으실 것이다.

적그리스도의 나라가 세워지면 예루살렘에 성전을 세우고 피 제사를 복귀할 가능성이 크다. 그리고 구약의 여호와 하나님께 제사하는 것이 아니라 용 곧 사탄에게 제사하고 그를 경배할 것이다.

이런 적그리스도의 나라는 용이 짐승에게 권세를 주므로 세워질 것이다 (계 13:4). 용과 짐승을 경배하게 하도록 적그리스도 나라의 권세자는 하나님을 훼방하고 성도들을 심하게 능멸하여 하나님 섬김을 더 이상 할 수 없게 할 것이다 (계 13:4-10, 13-14).

5.3.4.2. 배도한 교회

19세기에 이르러 유럽 개신교회가 배도를 시작하였다. 배도는 새로운 철학에 근거해서 신학을 완전히 재구성하므로 시작되었다.

18세기 계몽주의 철학자 칸트는 지식의 한계를 경험세계에 국한하였다. 따라서 신학도 내적 감각세계로 국한되었다.

슐라이어마허는 칸트 철학에 기초하여 하나님을 전적 의존 감정의 표현으로 바꾸었다. 그러면서 삼위일체 교리와 하나님의 성육신의 교리를 다 부질없는 사변으로 치부하였다.

슐라이어마허를 이은 신학자들은 다 그와 동일한 신학을 전개하였다. 20세기에 칼 발트는 대부분의 복음주의교회로 하여금 배도하도록 만들었다.

로마교회도 20세기 중반에 바티칸 공회의 (Vaticanum II, 1962-65)를 열어 종교다원주의를 교리로 확정하였다.

예수 그리스도를 믿는 믿음과 상관없이 모든 종교인들에게 구원을 약속하였다. 아브라함의 육신적 후손들은 그 자체로 하나님의 백성이므로 예수 믿음과 상관없이 구원에 이르고, 모슬렘도 아브라함의 핏줄에 연결되어 있으므로 구원받고, 다른 이방종교인들에게도 다 영원한 구원이 보장될 수 있다고 하였다 (Constitutio dogmatica de ecclesia, De populo Dei, art. 16).

이렇게 결정하기 위해 칼 라이너 (1904-1984)의 신학을 채택하였다. 그의 신학에 근거하여 공회의는 첫째로 창조주 하나님을 없앴다. 그리고 삼위일체 교리도 완전히 제거하였다. 따라서 하나님의 성육신의 교리도 완전히 폐기하였다.

이렇게 한 이유는 로마교황을 세계 모든 종교의 교황으로 만들기 위해서였다. 모든 종교를 다 통합하여 한 종교를 만들기 위해서 로마교황은 그리스도교의 하나님을 버리고 모든 이방종교들이 섬기는 신과 같은 신을 섬긴다고 하였다.

이런 신학에 근거하여 모든 종교를 통합하고 그 위에 교황을 머리로 세우려고 한 것이다. 종교를 통합하여 한 종교를 만들면 그 수

장이 전 세계를 다스리게 될 줄로 확신한 것이다. 로마교회는 단일 통합종교로 세계단일정부를 세울 수 있다고 여기는 것이다.

교황은 로마교회와 다른 모든 종교들이 같은 한 신을 믿으므로 종교를 통합할 수 있다고 믿고, 종교 간의 대화를 깊이 진행하고 있다. 그러면서도 예배모범과 교회제도를 전통적인 방식으로 고수하여 많은 사람들을 속이고 있다.

종교들을 하나로 통합하면 세계단일정부를 세우는 일을 쉽게 할 수 있다고 믿는 것으로 보인다. 세계단일정부가 세워지면 교황은 단일정부세력과 연합하여 세계통합종교의 수장으로서 세계통치에 함께 할 수 있을 것이다. 그러나 통치권의 행사는 오래가지 못할 것이다 (계 17:15-17).

5.3.4.3. 모슬렘들의 세계 정복 계획

모슬렘들은 폭력과 선전 (宣傳)으로 이슬람 (Islam)을 세계의 종교로 만들려고 열심히 노력하고 있다. 그리하여 코란의 법 곧 샤리아 (sharia)에 의거해서 전 세계를 통치하려고 계획하고 진행하고 있다. 모슬렘들도 루시퍼를 섬기는 데는 다른 이방 종교들과 일치한다.

그러나 모슬렘들이 전 세계를 지배하는 하나의 세계정부의 출현에 합세하는 것은 그들의 음모와 일치할 경우에 한정한다고 볼 것이다. 일이 자기들의 뜻대로 진행되더라도 그들 단독으로는 세계정부를 세우는 것은 많은 면에서 어렵다고 보인다. 따라서 그들의 기획은 세계단일정부 수립에 합류하게 될 것으로 보인다.

5.3.5. 환란, 굶주림, 전쟁

재림주 그리스도는 그의 다시 오심 직전의 징조들로 전쟁과 기근과 지진과 환란을 예언하셨다 (마 24:5-12; 막 13:5-22; 눅 21:8-17, 25-26).

에덴을 떠난 이후 아담의 후손들의 삶은 생존을 위한 몸부림이었다. 큰 문명권이나 강대한 나라가 일어나면 다른 나라들을 침공하여 그 지역의 백성들을 도륙하였다. 대량 학살이 전쟁의 법이었다.

5.3.5.1. 전쟁

20세기에는 큰 혁명 곧 공산당 혁명이 일어나서 많은 인류를 도살하였다. 그리고 세계대전이 두 번이나 일어났다. 2차 대전 기간에는 11백만 내지 12백만 명이 살육되었다.

전쟁 후에는 국가연합이 생겨서 전쟁을 억제하고 평화를 구축할 줄 믿었지만 국지전쟁은 끊임없이 일어났다.

21세기는 평안한 삶을 살게 될 줄로 기대하였다. 그러나 난리 소문이 늘 끊이지 않는다 (마 24:6; 막 13:7; 눅 21:9-10). 그것은 곧 3차 세계대전 소문이다. 가공할 일은 3차 대전이 일어나면 그것은 핵전쟁이어서 인류 전체의 생존이 불가능하게 된다는 사실이다. 전쟁 규모는 아마겟돈 전쟁이 될 수 있다 (계 16:16). 그 군대가 2만 만이 될 수 있다 (계 9:16). 그리하여 양대 세력이 크게 싸워서 다른 쪽을 완전히 없애는 방식으로 전쟁을 진행할 것이다. 핵전쟁을 하면 그럴 가능성이 충분하다. 그러나 어느 한 쪽이 일방적인 승리를 얻는다고 단언하기 어렵다.

지금 전쟁음모는 계속되고 있다. 소문은 끊이지 않는다. 세계대전 소문은 소문으로만이 아니고 실재가 되는 것이 능히 가능하다고 많은 사람들이 진단하고 있다.

5.3.5.2. 굶주림

인류의 역사 기간 대부분의 전쟁은 식량전쟁이었다. 다른 지역에서 나는 식량을 빼앗아 자기들이 차지하고 살기 위해서 전쟁을 끊임없이 진행하였다.

2차 대전은 이념전쟁이라고 하지만 전쟁 중 식량문제가 큰 문제였다. 전쟁을 막기 위해서 일어선 나라가, 전쟁을 일으킨 쪽에게 식량을 공급하여 전쟁의 진행을 오래 끌었다.

3차 대전이 일어난다면 그것은 식량문제가 빌미가 될 가능성이 크다. 농업혁명으로 식량생산이 대폭 증가하였다. 인류가 120억 명 정도 되어도 지구의 생산능력은 능히 감당할 수 있다고 전문가들은 진단하고 있다.

그러나 세계적 식량생산이 증가하여도 굶주리는 사람들의 수가 헤아릴 수 없이 많다. 거의 현 인류의 3분의 1 정도가 굶주림의 선상에서 연명하고 있다. 대부분의 식량이 거대재벌들에게로 집중되고 있기 때문이다.

세계단일정부를 세우기 위하여 전쟁을 일으켜 많은 인류를 굶주림으로 몰아넣을 것이다. 그러면 굶주림에 의해서 인류의 절대적 수가 죽게 될 것이 분명하다.

5.3.5.3. 환란

그리스도의 재림 직전에 일어날 환란은 상상을 초월할 것이다. 그 환란이 얼마나 참혹할 것인지를 그리스도가 밝혔다. "창조 때부터 지금까지 이런 환란이 없었고 후에도 없으리라"(막 13:19; 마 24:21).

이 환란은 그리스도인들 특별히 복음을 좇아 믿는 사람들에게 닥칠 것이 분명하다. 참혹한 핍박과 환란 때문에 많은 그리스도인들이 배도할 것이다. 환란의 날 곧 고통의 날이 길면 어떤 육체도 이겨내지 못하고 믿음을 부인하게 될 것이다. 극심한 육체적 고문과 고통을 가할 것이 틀림없다.

전 세계적으로 이런 극심한 고통의 날이 이어지는 것은 임의의 단체나 개인들이 할 것이 아니고 세계적인 정부에 의해서 이루어질 것임을 부인할 수 없다고 본다.

이런 핍박의 목표는 바른 그리스도인들로 믿음을 버리게 하는 것이다. 그리고 그리스도 대신 다른 신을 섬기도록 하기 위해서 핍박을 계속할 것이다. 이 목표를 이루기 위해 극심한 육체적 고통을 상당기간 동안 가할 것이 틀림없다.

그러나 택하신 백성으로 하여금 배도하지 않도록 하기 위해서 환란의 날들을 감할 것이라고 하였다 (막 13:20; 마 24:22).

제4절 천체들이 흔들림 (마 24:29; 눅 21:25-26)

주의 다시 오심의 직접적인 증거는 천체들이 흔들리는 것이다. "해가 어두워지며 달이 빛을 내지 아니하며 별들이 하늘에서 떨어지며 하늘의 권능들이 흔들리리라" (마 24:29).

별들이 떨어지고 별자리들이 자리를 크게 옮기는 일이 일어난다. 그것은 예수 그리스도가 지금 땅으로 오시고 계심을 증거하고 선포하는 것이다. 주님께서 다시 오심의 가장 확실한 표징은 바로 하늘의 별들이 그 자리에서 떨어지고 하늘의 권능들이 흔들리게 되는 것이다. 하늘의 권능들은 큰 별자리들을 말한다. 또 지금 움직이고 있는 모든 별자리들이 그 자리를 옮기는 것을 말한다.

구원의 완성자가 다시 오시면 세계의 질서가 완전히 바뀐다. 심판으로 구원을 완성하신다. 그리스도는 믿는 자들을 부활시켜 새로운 세계질서에서 살게 하실 것이다. 그렇게 되도록 하늘의 별들의 질서와 자리를 완전히 바꾸실 것이다. 그것은 하늘의 별들이 흔들리는 것으로 표현되었다.

주님이 재림하셔서 심판하심으로 구원을 완성하신다. 구원의 완성은 영생으로 작정된 그리스도인들로 영원히 살 수 있는 세계를 새롭게 조성함으로 이루어진다. 구속주는 부활하여 영체가 된 새 인류가 영원히 살 수 있는 세계를 조성하신다. 과거에 존재한 세계의 체계와 질서는 새 인류가 영원히 살기에 합당한 질서와 삶의 체계가 되지 못하기 때문이다. 하늘의 별들이 흔들리고 자리를 옮기는 일이 일어날 때는 재림주가 이미 오시고 있다.

제6장

마지막 날까지의 일들

Consummatio Consilii Creationis
Consummatio Consilii Creationis
Consummatio Consilii Creationis

주의 재림 때까지 역사는 계속된다. 많은 혼돈과 혼란과 어려움이 세계적인 범위로 확대되며 배도가 전 세계적이 된다.

20세기에 이르러 대부분의 교회가 배도로 돌아섰다. 소수의 교회들을 제외하면 교회가 다 배도의 길에 확실하게 들어섰다.

그러나 주가 다시 오실 날까지 역사는 진행되어 하나님의 백성은 출산되고 교회에 가입하게 된다. 때가 차서 마지막 구원 얻을 자가 출산될 때까지 역사는 계속될 것이다.

제1절 모든 사람들이 죽음에 이름

아담이 죽은 이래 그의 후손들은 다 죽어 갔다. 저주와 죽음을 선언 받았으므로 다 죽는다. 따라서 죽음은 자연적 현상이 아니고 죗값으로 왔다. 아담은 하나님과 맺은 언약을 파기하여 하나님의 백성으로서 하나님 섬기는 것을 거부하였다. 그러므로 그 형벌로 죽음이 왔다. 죽음의 법에는 예외가 없다. 모든 사람들이 다 죽음에 이르게 된다.

죽지 않을 사람은 주의 오심의 날에 살아있는 자들뿐이다. 그러나 그들도 심판의 판정에 의해서 각기 합당한 처소를 배정받는다. 모든 죽은 자들은 마지막 처소로 배정된다.

주의 복음을 믿지 않는 자들과 악한 자들과 불의한 자들은 다 지옥에 갇힌다. 죽은 자들은 자기들의 처소로 배정되면 그곳을 떠나서 다른 곳으로 옮길 수도 없고 배정된 몫을 벗어날 수도 없다.

죽음의 법은 늙고 병들어서 죽는 자들에게만 타당한 것이 아니다. 모두가 다 죽는다. 사람들의 떼죽음에는 전염병과 전쟁도 큰 몫을 하였다.

전쟁은 사람이 사람을 대량으로 죽이는 확실한 방법이다. 사람들이 서로를 죽이기 위해서 큰 싸움을 벌여 서로를 많이 죽인다. 전쟁은 많은 사람들과 물자와 재력을 동원하여 국가의 운명을 걸고 상대방을 대량으로 죽이는 법이다. 상대방을 많이 죽인 편이 승리를 얻는다.

또 사람이 죽는 방법 가운데 자연의 재해도 큰 몫을 한다. 큰 가뭄과 홍수 같은 재해들이 사람들로 떼죽음을 맞이하게 한다.

악한 권력자들도 많은 백성을 떼죽음하게 한다. 악한 세력자들은 사람들의 돈을 다 탈취하므로 굶주려 죽게 한다.

주를 믿는 자들과 택한 백성들도 다 죽음에 이른다. 주를 믿는 자들 곧 택함 받은 백성들은 다 천국에 이르러 하나님 앞에서 평안과 안식을 누리며 부활의 날을 기다린다. 모든 고통과 해악을 다 벗어났으므로 평안과 쉼을 누린다. 하나님을 마음껏 찬양하고 경배히므로 육체를 입고 영생할 것이다.

죽은 자들도 다 영혼으로 존재하므로 기억과 의식을 갖고 있다. 하나님의 보좌 앞으로 간 모든 사람들은 기쁨과 평안과 안식을 누린다. 그리고 힘을 다하여 하나님을 찬양하고 경배한다.

6.1.1. 중간기 처소 문제

믿는 자들이 심판을 받아 천국에 가기 전에 낙원에 가 있는 것이 아니다. 믿는 자들은 죽을 때 바로 하나님의 보좌 앞으로 간다.

6.1.1.1. 낙원은 중간기 처소가 아님

낙원은 중간기 처소로 성립하지 않는다. 그리스도가 십자가에 달려 죽으면서 "오늘 네가 나와 함께 낙원에 있으리라"고 하셨기 때문에 (눅 23:43) 낙원이 중간기 처소로 따로 있는 것으로 믿어왔다.

그러나 그리스도가 낙원을 말씀하실 때는 십자가에 달려 있으면서 믿음고백을 한 강도에게 하신 말씀이다. 이 말씀으로 주 예수는 자기가 그리스도이심을 선언하셨다.

후기 유대교 사상에 의하면 낙원이 메시아의 거소로 믿어졌다. 그러므로 모든 백성들과 유대 지도자들을 향해 이 말씀을 하시므로 자기가 그리스도이심을 선언한 자기 증거이다.

6.1.1.2. 연옥은 중간기 처소로 성립하지 않음

로마교회는 연옥 (purgatorium)을 중간기 처소로 설정하였다. 로마교회는 교회에 속해 있으면서도 바로 천국 가기에 합당하지 못한 사람들이 가는 곳으로 연옥을 설정하였다. 이 연옥은 부족한 사람들이 불로 정화되어 남은 죄들을 씻고 천국 가는 중간기 자리로 로마교회가 주장해왔다. 이 연옥은 로마교회가 정한 것일 뿐이고 성경적인 근거가 없다. 그뿐만 아니라 있지도 않는 연옥에 대한 가르침으로 많은 사람들을 괴롭히고 불안하게 만들어왔다.

6.1.1.3. 조상 림보도 중간기 처소가 될 수 없음

조상 림보 (Limbus Patrum)는 로마교회가 그리스도의 십자가 이전 족장들을 위해서 만들어낸 중간기 처소이다. 아담과 아브라함, 이삭, 야곱을 비롯하여 그리스도의 십자가 이전에 죽은 구약족장들과 백성들이 가는 곳을 조상 림보라고 하였다.

이 림보에서는 적극적인 고통은 없고 자연적인 기쁨은 누린다고 한다. 그리스도가 오셔서 십자가에서 피 흘리고 그의 영혼으로 지옥에 내려가셨을 때, 조상 림보에 갇혀 있는 조상들의 영혼을 해방하여 승천하실 때 함께 하늘로 데려가셨다고 한다. 승리자 그리스도는 귀신들을 쳐서 영혼들을 해방하고 탈취하여 천국으로 데리고 가셨다고 주장한다 (Thomas Aquinas, Summa Theologica, IV, q70a1-4).

그러나 그리스도의 명백한 가르침에 의하면 구약의 족장들은 이미 천국에 가서 하나님의 보좌 앞에 있다. 눅 16:20-31의 나사로의 비유에 보면 아브라함은 이미 하나님의 보좌 앞에 가 있다. 그러면 다른 족장들도 아브라함과 함께 천국에 가 있음을 알 수 있다.

시간적 사고로는 이런 신학적 추론이 타당하다고 할 수 있다. 그러나 그리스도의 십자가의 피가 시간에 역행해서 구약백성들에게 적용되므로 (히 11:40) 그들은 다 구원 얻어 하나님의 보좌 앞에 가 있다.

6.1.1.4. 유아 림보도 성립하지 않음

로마교회는 유아들을 위해서 유아 림보 (Limbus infantium)를 중간기 처소로 설정하였다. 낳자마자 죽거나 아주 어려서 죽어서 적극적으로 악을 행하지 않은 어린아이들이 죽으면 가는 곳으로 여긴다. 여기서는 자연적인 기쁨은 누리지만 적극적인 고통은 없는 곳으로 여긴다.

유아 림보는 성경에 아무런 근거가 없다. 죄의 보편성의 원리에 의해 죄인으로 출생하지 않는 어린아이는 없다. 다 죄인으로 출생한다. 그러므로 죽은 아이들도 다 지옥에 이른다.

그러나 택한 하나님의 백성은 비록 일찍이 죽어도 성령의 특별한 역사에 의해 그리스도의 피의 공효로 깨끗해져서 천국으로 간다.

불신자의 자녀들과 모든 악인들의 자녀들은 다 죄인으로 태어났기 때문에 죽음과 함께 지옥에 이른다.

모든 사람들은 죽으면 지옥이나 하나님의 보좌 앞으로 간다. 중간기간 동안 머무르는 곳은 없다.

6.1.2. 두 번째 기회의 문제

어떤 사람들은 지옥에 있는 영혼들이 마지막 날 이전에 한 번 더 복음을 들을 기회를 얻는다고 주장한다. 지옥에 있는 영혼들이 복음을 한 번 더 듣게 되고 믿으면 영생을 얻는다고 한다. 그래도 믿지 않으면 영원한 형벌을 받는다는 주장이다. 이런 주장들은 다 로마교회의 연옥 교리에 연관하여 생겨난 이방적인 사고방식일 뿐이다.

6.1.2.1. 지옥에서 한 번 더 복음을 들을 기회는 불가

사람이 살아 있을 때 주 예수를 믿느냐 안 믿느냐로 영원한 생명이나 영원한 형벌이 결정된다. 그러므로 마지막 자리에 도달한 후에 새로운 기회가 있을 수 없다 (눅 16:20-31). 사람들이 땅 위에 살아 있을 때 복음을 전하는 선지자들과 복음전도자들이 있다 (눅 16:29). 살아 있을 때 복음을 듣고도 믿지 않는 사람들은 죽은 후에 지옥에서 다른 기회를 가질 수 없다. 그들은 최종 목적지에 도달하였다.

사람은 죽은 후에는 운명이 변경되는 법이 없다. 그가 땅에 사는 동안 그의 운명이 완전히 결정된다. 살아 있을 때 주 예수를 믿으면 영생에 이르고 믿지 않았으면 영원한 형벌을 받는다.

시간 속에서 살면서 결정하는 결정이 영원한 결정이다. 믿는 것은 영생을 결정하는 것이고 믿기를 거부하는 것은 영벌을 결정하는 것이다.

6.1.2.2. 조건적 영생설 혹은 멸절설은 불가

조건적 영생설이나 조건적 멸절설이나 다 성경적 근거가 없고 복음의 법에 어긋난다.

더구나 지옥에서 예수 믿음의 기회가 주어졌는데 그것을 거부하는 자는 멸절한다고 하는 주장은 성립할 수 없다. 그때에는 복음을 거부할 사람이 아무도 없을 것이다. 지옥의 고통을 받고 있는 중에 고통을 벗어날 수 있는 기회를 제공받았는데 어찌 그런 호의로운 기회를 거부할 수 있을 것인가?

믿지 않는 사람들은 자기들의 존재가 끊어져 없어져버린다면 그것은 아주 좋은 일이다. 아무런 고통도 받지 않으니 이것처럼 좋은 일이 없을 것이다. 조건적 멸절설대로라면 믿어 영생에 이르지 않을 사람이 없고 믿지 않아도 그 이상 좋을 일이 없다. 다 없어져서 고통을 받지 않을 것이기 때문이다. 믿지 않는 자들과 악인들이 다 영원한 불과 유황으로 타는 못에 참여한다고 주의 말씀이 단언한다 (마 25:41; 계 21:8). 그러므로 다른 제 2의 기회는 지옥에 갇힌 자들에게 허락되지 않는다.

제2절 하나님의 백성이 다 모아짐

역사의 목표는 세상 나라들이 주와 그 그리스도의 나라가 되는 것이다 (계 11:15). 이 목표는 역사의 끝에서 이루어질 것이다. 더 이상 믿는 사람이 없다고 여겨질 때에도 주 예수를 믿어 하나님의 백성이 되는 자들이 이어질 것이다.

주님이 구원을 완성하고 세상의 악을 깨끗하게 하려고 다시 오실 때는 세상의 모든 교회들이 다 배도로 기울어진 때이다. 그래서 "땅 위에서 믿음을 보겠느냐" 하는 말씀이 다 응하게 될 것이다 (눅 18:8).

그러나 배도가 완료되었다고 할 때에라도 주 예수를 신실하게 믿으며 핍박을 감당하고 믿음을 끝까지 간직한 사람들이 있게 된다. 주님이 오실 때 땅 위에 있는 성도들이 주를 기쁨과 찬송으로 맞아들여야 하기 때문이다.

비록 적은 수라도 주를 믿어 영생에 이르는 일이 모든 종족들 가운데서 이어질 것이다. 핍박과 박해와 고문이 그리스도인들에게 널리 진행되어도 주의 택하신 백성들은 주를 믿어 교회에 가담할 것이다.

마지막 때에는 사람들이 복음을 들을 기회가 별로 없고 바른 복음의 내용의 전달은 더욱 어려울 것이다. 그러나 주를 믿어 하나님의 백성이 될 사람들은 끊임없이 일어날 것이다. 마지막 선택자가 믿음을 얻을 때까지 믿음의 행진은 이어진다. 복음의 진행은 하나님이 그리스도의 피로 구속받아 깨끗해진 백성들 가운에 오셔서 만유 안에 만유가 되실 때까지 이어진다.

이렇게 마지막에 믿는 자들이 살아 있어 주의 다시 오심을 맞아들일 것이다.

제7장

주의 다시 오심의 날

Consummatio Consilii Creationis

주님이 언제 오실지는 아무도 모른다 (막 13:32; 행 1:7). 주님이 그의 다시 오심의 날을 밝히기를 거부하셨기 때문이다 (막 13:33). 주님이 다시 오시는 날이 언제일지는 천사들도 모르고 아들도 모르고 아버지만 아신다고 말씀하시므로 피조물로는 아무도 그날을 확정할 수 없다고 하였다 (막 13:32; 마 24:36). 너희는 그날과 그 시를 알지 못한다고 하시므로 (마 25:13) 피조물로는 도저히 그날을 예측할 수 없다고 단언하셨다. 그러나 주님이 다시 오시는 일은 땅 위의 모든 족속들이 알 수 있다고 하셨다 (눅 17:24).

주의 다시 오시는 날을 미리 말해주는 표식들이 있다. 그것은 오직 주의 날이 가까이 왔음을 알리는 표식 노릇만을 한다. 곧 그것으로 주의 날이 다 이르렀다고 확실하게 말할 수 없다. 그런 징조들은 주의 다시 오심이 가까이 왔다고 하는 표시이다.

주의 오심을 가장 확실하게 알리는 기호는 천체들이 흔들리는 것이다 (막 13:24-27; 눅 21:27; 마 24:29). 해가 어두워지며 달이 빛을 내지 아니하며 하늘에 있는 권능들이 흔들린다. 구속받은 백성들을 모아 그들로 영원히 살 수 있는 세상을 만들기 때문에 옛 질서의 세계가 흔들리게 된다.

현 세상은 반역과 범죄로 말미암아 저주받은 세계이므로 구속받은 백성들이 영원히 살 수 있는 세상이 되지 못한다. 새 인류가 영원히 살 수 있는 세상으로 조성되어야 한다 (계 21:5). 영원한 인류의 처소로 조성하기 위해 창조 시에 구성된 세계가 다시 구성되어야 한다. 이미 운행되고 있는 질서도 바뀌어야 한다. 그리하여 부활한 새 인류가 살 수 있는 세상으로 바뀌게 된다. 재림주는 창조주 하나님의 임재를 충만히 모시고 살 새 인류의 삶의 자리로 모든 천체들을 다시 조성하신다.

그러므로 처음 창조의 질서가 바뀌어 새 인류의 처소로서 세워지기 위해서 하늘의 별들과 별자리들이 그 자리를 옮기게 된다. 그 일이 주의 다시 오심의 날에 시작한다. 그리고 땅에 오심으로 완성된다.

재림주는 변화된 땅에서 구속받은 백성들을 불러 모으시고 끝까지 믿기를 거부한 백성들을 심판하여 지옥으로 보내신다.

제8장

공교회의 종말 도식

Consummatio Consilii Creationis
Consummatio Consilii Creationis
Consummatio Consilii Creationis

    2세기 중엽 교회에 천년기론이 강하게 일어났으나 3세기 중엽에는 교회에서 천년왕국 사상을 배척하는 운동이 일어났다. 천년왕국론을 교회에서 완전하게 내어 쫓는 일은 아우구스티누스 (Augustinus, 354-430)가 하였다. "하나님의 나라는 먹는 것과 마시는 것이 아니요 오직 성령 안에서 의와 평강과 희락이라" (롬 14:17)는 말씀에 뒷받침을 받아 그는 천년왕국 사상을 교회에서 내어 쫓았다.
    이로써 공교회의 종말 도식이 확정되었다.

8.0.1. 공교회의 종말 도식의 개요

    공교회의 종말 도식은 한 번의 재림, 보편부활, 한 번의 보편심판 그리고 영원세계로 확정되었다. 곧 주의 재림과 영원한 세계 사이에 천년왕국 기간이 없다. 그 후 모든 공교회에 속한 교회들은 천년왕국 사상을 배척하고 공교회의 종말 도식을 따랐다. 종교개혁도 동일하게 천년왕국 사상을 강하게 배척하고 공교회의 종말 도식에 굳게 부착하였다.
    따라서 바른 종말 도식은 한 번의 재림과 한 번의 부활과 한 번의 심판이고 그 후에 영원한 세계이다.

제1절 그리스도의 다시 오심

예수 그리스도는 반역한 인류를 돌이켜 하나님의 백성 삼으시는 구속사역을 이루셨다. 따라서 그리스도가 역사의 주재이시다. 그가 이룩한 구원으로 하나님의 백성을 모으시기 위해 역사를 주재하신다. 그리스도가 역사를 주재하심은 그의 피 흘리심을 전파하여 사람들로 주 예수를 믿어 하나님의 백성 되게 하시는 것을 말한다.

마침내 믿는 자들이 다 차게 되면 그들을 하나로 모아 하나님의 백성으로 세우시기 위해서 그리스도는 구원의 완성자로 다시 오신다. 그가 하나님의 백성을 다 모아 창조경륜을 이루어드리게 된다. 그리스도의 다시 오심은 창조경륜을 완전히 성취하는 것이다.

주 예수가 다시 오시는 날은 그가 정하신 날이다. 이날에 주님이 오시되 단 한 번 오시고 세대론자들의 주장대로 몇 번에 걸쳐서 오시는 것이 아니다.

8.1.1. 그리스도는 반드시 다시 오신다

많은 사람들이 주의 다시 오심을 믿지 않는다. 하늘로 가신 후 오랜 세월이 지났으되 아직 안 오셨으니 오시지 않을 것이라고 주장한다 (벧후 3:4).

1세기 그리스도인들은 대부분 자기들의 생존기간에 주님이 다시 오실 것으로 기대하였다 (살후 2:2). 그 후 2,000년이 지났다. 그동안 교회는 대대적으로 배도를 행하여 주의 다시 오심을 전적으로 부정하고 배척해 왔다.

더구나 20세기 후반에는 배도가 전 세계적이 되어 대부분의 교회가 종교다원주의를 정당한 것으로 받아들였다. 그리하여 주의 다시 오심을 부정하면서 영원한 구원도 배척하였다.

주가 다시 오실 때는 주를 맞을 교회가 없는 것으로 보일 수 있다. 더욱 주의 재림을 허탄한 신화로 여기게까지 되었다. 특별히 위르겐 몰트만 (Jürgen Moltmann, 1926-)이 소망의 신학 (1964)에서 주의 재림을 신화로 여긴 후에 재림에 대한 기대는 부질없는 일로 여기게 되었다.

그리스도가 구속사역을 완수하신 후 하늘로 가시면서 다시 오심을 약속하셨다 (마 24:4-27; 막 13:24-27; 눅 21:25-28; 행 1:11; 고전 11:26; 15:23; 살전 4:14-15; 살후 1:10; 2:8; 딤전 6:14; 딤후 4:1; 히 9:28; 계 22:20). 주의 약속 이후 신약교회는 자기들이 살아 있을 때 주님이 다시 오실 것으로 믿고 기다렸다. 그러나 그들이 살아 있는 동안에 그리스도는 다시 오시지 않았다.

20세기에는 큰 전쟁들을 치렀다. 많은 그리스도인들은 이 큰 싸움 기간에 주가 다시 오실 것으로 확신하였다. 그러나 주 예수는 그 때도 오시지 않았다.

교회 역사에서 주의 재림을 예언하는 시도들이 자주 있었다. 그러나 그 예언들은 다 빗나갔다. 어떤 예언도 이루어지지 않았다. 하나님의 정하신 때가 아직 안 되었기 때문이다.

주 예수는 그의 말씀대로 반드시 다시 오신다. 그리스도의 다시 오심이 이루어지지 않는다면 그리스도교의 믿음과 주장이 다 거짓으로 판명날 것이다. 하나님의 존재, 하나님의 창조, 인류의 반역으로 말미암아 죽음이 들어옴, 하나님이 육신을 입으시고 세상에 오심, 그리고 십자가에서 피 흘리시어 세상을 구원하신 일이 다 헛것이 되며 거짓으로 판명날 것이다.

창조주이시고 구원주이신 그리스도가 세상에 다시 오시는 일은 반드시 이루어질 것이다. 아직 때가 차지 않았을 뿐이다. 창조주가 정하신 때에 그리스도는 반드시 다시 오신다.

그리스도는 창조주로서 자기의 오심을 확실한 약속으로 보장하셨다. 그것이 "천지는 없어지겠으나 내 말은 없어지지 아니하리라"(마 24:35; 막 13:31)는 말씀이다. 그는 이 말씀을 마지막 날 주의 다시 오심을 확증하기 위해서 하셨다. 따라서 다시 오신다는 주의 약속은 굳게 서 있다. 그리스도는 이 약속을 자기의 인격을 걸어서 하셨다. 그러므로 그의 오심은 반드시 이루어진다.

주의 오심은 확실하고 변개할 수 없는 약속이다. 그의 오심이 더디다고 생각할 수는 있으나 그의 약속은 반드시 이루어질 것이다.

8.1.2. 그리스도의 다시 오심은 인류의 소망

아담의 반역으로 죄가 세상에 들어오고 죄에 대한 벌로 죽음과 저주가 인류세계에 들어왔다. 그때부터 모든 인류는 죽음의 공포와 질병과 자연재해와 온갖 고통의 멍에를 지고 신음과 탄식 속에 죽어갔다. 죽음의 공포는 늘 사람을 엄습하였다.

인류는 죽음의 공포와 저주에서 벗어나서 살기를 간망하였다. 이것은 죽음이 본래 인간 본성에 속하지 않았다는 것을 보여주는 것이다. 죽음은 죄 때문에 왔다. 그러므로 모든 사람들이 다 죄 아래 있어서 죄로 말미암아 죽음에 이르는 것이 정해졌다. 인류의 역사와 개인의 역사가 다 이 진리를 증명하고 확증해 왔다.

모든 인류는 죄로 말미암아 죽도록 정해졌으므로 죄와 죽음에서 벗어나는 것은 전적으로 사람의 손에서 벗어나 있다. 죄와 죽음을 없애버리는 것은 전적으로 창조주의 손에 놓여 있다. 창조주 자신이 죗값을 치러 사람의 죄와 죽음을 없애버리기로 하셨다.

그런데 죄와 죽음을 없애 사람들로 영원히 살 수 있게 하기 위해서 창조주가 구속주로서 땅으로 다시 오셔야 한다. 그리스도가 구원의 완성자로 다시 오셔서 죄와 죽음을 전적으로 없애버려야 한다. 그러면 사람들이 죄와 죽음에서 벗어나 완전한 자유를 누리며 영원히 살게 된다.

죄와 죽음을 없애버릴 열쇠를 자기 손에 가지신 이는 오직 그리스도뿐이다. 그가 다시 오셔서 인류의 최대 원수인 죄와 죽음을 없애신다. 그러므로 모든 인류는 그리스도의 다시 오심을 소망하고 기다리고 있다.

8.1.3. 다시 오심의 목적

범죄함으로 저주받은 인류가 살아온 삶의 길은 고난의 연속이었다. 사람의 삶에 죽음의 저주와 공포가 늘 떠나지 않았다. 모든 사람은 죽으면 몸만 풀어지고 없어지는 것이 아니라 영원한 형벌이 기다리고 있는 줄을 본능적으로 알고 있다. 쉬는 일과 즐거움은 잠깐이었다.

따라서 인류의 간절한 소망과 원함은 죽음을 벗어나는 것이었다. 모든 사람은 이 일은 죄를 해결하지 않고는 일어날 수 없음도 인지

하였다.

사람의 죄와 죽음을 해결하는 열쇠는 창조주만이 쥐고 계신다. 창조주가 인류의 반역죄를 해결하여 죽음을 제거하기로 하셨다. 이로써 하나님은 마땅히 죽어 영원한 형벌을 받아야 할 인류를 다시 돌이키기로 하셨다.

이 일은 창조주가 육신을 입으시고 피 흘려 죗값을 치르시므로 이루어졌다. 따라서 하나님은 구원을 이루신 그리스도로 믿는 자들에게서 죽음을 해소하기로 정하셨다.

사람에게서 죽음을 없애는 것은 약속으로 주어졌다. 그것이 믿는 자들 안에 성령의 내주로 약속의 보증을 삼으셨다. 곧 사람에게 성령을 주심은 죽음을 없애겠다는 보장이다.

이렇게 죽음을 없애는 약속을 하신 이는 그리스도이시므로 그 약속을 이루실 책임이 그에게 주어져 있다. 그리스도는 이 약속을 이루어 인류에게서 죽음을 제거하기 위해 다시 오신다.

그리스도가 다시 오셔서 하실 첫 번째 일은 사람들에게서 죽음을 제거하는 것이다. 그가 사람에게서 죽음을 제거하는 것은 모든 사람들을 부활시킴으로 하신다. 구속주는 사람들을 부활시켜 죽지 않고 영원히 살 수 있는 존재들로 만드시므로 죽음을 해소하신다.

사람들에게서 죽음을 없애버리고 그들을 모아서 하나님의 백성으로 만드신다. 사람들이 하나님의 백성이 되면 창조주 하나님이 자기의 경륜을 이루시기 위해서 그들 가운데 충만히 거주하신다.

그리스도의 다시 오심의 목적은 모든 구원 얻은 자들을 모아서 하나님의 백성으로 삼으심으로 하나님으로 그의 백성 가운데 충만히 거주하게 하시는 것이다 (계 21:3).

8.1.4. 그리스도는 몸과 인격의 동일성으로 오심

그리스도는 구원의 완성자로 다시 오신다. 그가 육신을 입고 구원을 이루셨으므로, 구원의 완성자로 다시 오실 때도 구원을 이루셨을 때의 신분 곧 신인인격으로 오셔야 한다. 재림주는 구원을 이루실 때의 몸과 동일한 인격으로 다시 오셔야 동일한 구원주이심을 모든 사람들이 알게 된다. 이 진리를 계시록은 "그를 찌른 자들도 그를 볼 것이요"(계 1:7)라고 드러내 밝혔다.

구원주가 재림주로 다시 오실 때 모든 사람들을 다 모으시고 자기가 구원주이심을 알리실 것이다. 따라서 동일한 몸으로 오셔도 창조주의 큰 권세로 천사들을 데리고 오신다 (막 13:26-27; 마 24:30-31). 또 심판과 세상 정화를 목적으로 오시므로 천사들과 함께 오셔서 온 천하로 하여금 주의 오심을 알게 하신다 (마 24:31).

물론 주님이 다시 오시면 번개가 하늘 동쪽에서 서쪽에 이르듯 오시므로 (마 24:27) 그의 오심을 온 세상 백성들이 다 알게 된다. 그리스도가 다시 오실 때 모든 사람들이 즉각적으로 본능적으로 그를 알아보게 된다. 또 그의 오심이 인류역사의 마지막임을 직감하게 된다.

제2절 모든 인류가 생명과 형벌로 일으켜짐

8.2.0.1. 부활자들에게 영생을 주심으로 구원을 완성

그리스도는 재림주로 오셔서 구원을 완성하신다. 구원의 완성은 부활로 이루어진다. 부활하여 사람이 영생을 얻으므로 구원이 완성된다.

사람의 구원을 완전히 이루므로 창조경륜이 성취된다. 창조경륜의 성취는 사람들을 부활시킴으로 된다. 따라서 그리스도가 다시 오셔서 모든 사람들을 죽은 자들 가운데서 영생으로 일으키신다.

8.2.0.2. 창조경륜의 완성

주 예수를 믿는 자들은 부활하여 영원한 생명을 받는다. 부활한 모든 백성들은 창조주 하나님께 찬양과 경배를 바쳐드리는 영광스런 삶을 산다. 부활자들은 영원히 하나님의 백성이 된다. 이 방식으로 하나님의 창조경륜이 온전하게 이루어진다 (계 21:3).

8.2.0.3. 주 예수를 믿기 거부한 자들은 영벌을 받음

주 예수를 믿지 않고 배척하는 것은 하나님의 큰 사랑을 거부한 것이다. 따라서 그런 사람들은 영원한 형벌을 받는다.

처음 범죄에서 인류는 창조주 하나님을 섬기기를 거부하는 반역을 저질렀다. 그래도 하나님은 그들을 불쌍히 여기셨다. 그리하여 죗값대로 죽지 않게 하시려고 아들을 세상에 보내시어 그를 믿기만 하면 모든 죄를 다 용서하기로 하셨다. 곧 처음 반역죄뿐만 아니라 그 반역죄에서 비롯된 모든 죄들을 용서하기로 하셨다. 그리고 반역자들을 하나님의 백성으로 다시 받기로 하셨다. 주 예수를 믿기만 하면 모든 죄들을 다 용서하고 영원한 생명을 주기로 하셨다 (요 3:16).

그런데도 불신자들은 끝내는 하나님의 사랑과 불쌍히 여기심을 거부하고 반역죄를 더하여 더 이상 용서받을 수 없는 자로 자기들을 세웠다. 그러므로 그들은 죗값대로 영원한 죽음과 형벌을 받는다. 불신자들과 반역자들은 다시 일으켜져서 영원히 불못에 던져진다 (계 20:15).

8.2.1. 동일한 몸과 인격으로 부활

8.2.1.1. 부활체는 영체여도 몸과 인격의 동일성이 유지됨

사람이 부활하면 영적 몸이 되어 영원히 살 수 있게 된다. 그러나 동일한 몸과 인격으로 부활한다.

불구나 기형이나 상처를 입었어도 부활할 때는 온전한 몸으로 살아난다. 또 어린아이나 다 자라지 못하고 죽은 사람들도 다 자란 몸으로 살아난다 (요일 3:2). 동일한 몸과 인격으로 부활하는 것은 동일한 몸과 영혼이 합쳐져서 부활하기 때문이다. 몸을 이루었던 요소들로 다시 조합되지만 영혼이 동일하기 때문에 동일한 몸과 인격으로 인지된다.

사람들이 동일한 몸과 인격으로 부활하는 것은 창조주의 권세로 이루어진다. 부활은 재창조의 사역이어서 완전한 창조로 변환되는 것을 뜻한다.

8.2.1.2. 동일한 몸이어야 행한 대로 받기 때문

사람들이 동일한 몸으로 부활해야 하는 것은 그 몸으로 행한 대로 받도록 정해졌기 때문이다 (롬 1:32; 2:6; 마 16:27; 요 5:29; 고후 5:10). 더구나 모든 것을 행한 주체가 인격이므로 동일한 영혼과 동일한 인격으로 회복되어야 한다. 곧 그들은 행한 대로 영원한 생명을 누리거나 영원한 형벌을 받게 된다.

8.2.1.3. 행한 대로 받는다는 것은 주 예수를 믿었느냐 안 믿었느냐에 따라 결정되는 것을 말함

여기서 몸으로 행한 대로 받는다는 것은 공로를 뜻하는 것이 아니고 주 예수를 믿었느냐 안 믿었느냐로 결정되는 것을 말한다. 영원세계에서 상급과 형벌은 주 예수를 믿어 하나님의 사랑을 받아들였느냐 믿지 않았느냐로 결정된다 (요 3:16-18). 곧 그들이 하나님의 사랑을 받아들였느냐 아니면 거부하여 완전한 반역자로 남았느냐로 결정된다.

8.2.2. 영적 몸으로 부활

현재 우리의 몸은 영원한 생명을 누릴 수 있는 몸이 아니다. 죄와 허물로 죽게 된 몸이기 때문이다.
그러나 그리스도가 창조주와 구속주의 권세로 사람들을 다시 살리실 때에는 영원한 삶을 살 수 있도록 영적 몸으로 부활시키신다 (고전 15:42-44). 믿는 자들이나 믿지 않아서 영원한 형벌을 받을 사람들도 동일하게 영적 몸으로 부활한다.

8.2.2.1. 죄가 제거되었으므로 영적 몸으로 부활

처음 창조 시 아담이 범죄하지 않았으면, 아우구스티누스가 가르친 대로 자연적인 몸이 영적 몸으로 변화되었을 것이다.

이제 그리스도의 피로 죄가 벗겨지고 죽음의 권세에서 벗어났으므로 부활 때 모든 사람들이 영적 몸으로 변화되어 살아난다 (고전 15:44). 그래야 영원한 삶을 살 수 있기 때문이다.

죗값이 치러져서 죽음의 권세가 없어졌다 (롬 4:24; 5:18-21; 6:23; 고후 5:21; 갈 1:4; 골 1:14; 요일 3:5). 따라서 썩어 완전히 형체도 없이 없어질 몸이 다시 일으켜질 때 영적 몸으로 변화된다.

처음 창조된 몸이 영적 몸으로 변화되는 것은 자연적 과정이 전혀 아니다. 그것은 창조주가 은혜를 베푸셔서 영생에 이르도록 영적 몸으로 변화시키시는 것이다.

8.2.2.2. 범죄자들의 부활도 전적으로 은혜

범죄한 사람들이 부활하는 것도 전적으로 창조주와 구속주의 은혜이다. 창조주가 창조권세로 죽은 자들을 다시 살리실 뿐만 아니라 영적인 몸으로 부활시키신다.

구원주는 완전히 썩어 없어진 몸을 다시 살리시되 동일한 몸과 인격으로 부활하게 하신다. 더구나 영적 몸으로 부활하는 것은 전적으로 창조주의 창조권세로 이루어지는 것이다. 부활은 재창조이다.

8.2.2.3. 영적 부활체는 다시는 죽지 않음

영적인 몸은 그리스도의 부활한 영적 몸 곧 영광스런 몸 (빌 3:21; 요일 3:2)과 같이 되는 것을 말한다. 그리스도가 우리를 다시 살리실 때 자기의 영광스런 몸과 같게 영적 몸으로 변화시키실 것이다 (고전 15:42, 44-49, 51-53; 빌 3:20-21).

이렇게 영적 몸은 썩지 않을 몸이어서 다시는 죽지 않는다. 따라서 영적 몸으로 변화된 부활한 몸은 죽지 않으므로 영생한다 (고전 15:52-54).

8.2.2.4. 주의 재림 시 생존자들은 영체로 변화

부활한 자들만이 썩지 않을 몸을 입어서 죽지 않고 영생하는 것이 아니다. 주가 다시 오실 때 살아 있는 자들도 순식간에 변화되어 (고전 15:51-53; 살전 4:14-17) 썩지 않을 영적 몸이 되어 영생한다 (고전 15:53-54).

부활하는 자들은 다 영적 몸을 입어서 영원한 생명을 누린다. 믿지 않아서 정죄 받은 자들은 영적 몸으로 영원한 형벌을 받는다.

8.2.2.5. 부활체는 의식과 지각을 가짐

부활하거나 변화된 자들은 영적 몸이지만 의식과 감각을 다 지닌다 (눅 16:20-31). 의식과 감각이 없다면 영원한 행복을 누리는 것이 불가능하다. 또 영원한 형벌이 아무런 의미가 없어진다.

부활한 영적 몸은 영혼과 합쳤으므로 기억을 갖고 있다.

8.2.2.6. 형벌 받는 자들은 반역행위에 합당한 형벌 받음을 의식

믿지 않은 자들은 어째서 그들이 형벌을 받는지 잘 아는 상태에서 형벌 받는다. 그 형벌이 자기의 행함에 합당하다는 것을 잘 알고 또 익히 알고 있다.

특별히 하나님을 향한 반역행위를 익히 알고 있으므로 자기들의 형벌이 합당한 것임을 인지한다 (계 19:20; 20:12-15; 22:12, 15; 마 25:41).

형벌을 받아 고통을 당하면서 하나님을 반역하고 하나님의 사랑의 사역을 거절하였으므로 당하는 형벌이 합당하다고 인지하고 판단한다.

그리하여 하나님의 사랑의 역사를 거부하고 받아들이지 않았음을 후회하고 탄식하며 형벌을 받는다. 그럴 뿐만 아니라 이제는 자기들의 자유로운 선택에 대해서는 변경이 불가능함을 잘 알아 어쩔 수 없다고 단념하고 고통 가운데 지낸다.

몸으로 당한 고통도 크지만 영혼과 함께 온 인격으로 만나는 괴로움과 아픔을 어찌할 수 없다. 더 이상 아무런 소망이 없다.

8.2.2.7. 영생자들은 은혜로 영생과 영광 누림을 인해 감사와 찬송이 넘침

영원한 생명을 누리는 사람들은 자기들의 행함 때문이 아니라 하나님의 사랑 때문에 영생과 영광을 누리는 줄을 잘 알고 감사와 찬송이 넘쳐난다.

그들은 하나님의 은혜의 강권적인 역사로 하나님의 구원의 역사를 믿게 되었음을 인해 감사한다. 전적으로 하나님의 은혜로 주 예수를 믿고 구원을 얻어 영생을 누리게 되었으니 하나님의 사랑과 은혜로 말미암아 넘치는 찬양과 경배를 바쳐드린다. 하나님을 찬양하고 경배함이 영원히 그치지 않는다.

8.2.3. 영원한 생명과 영원한 형벌로 부활

8.2.3.1. 상벌이 정해져서 부활

창조주이시고 구속주이신 이가 심판주로 오신다. 그는 창조의 권세와 부활의 권세로 모든 인류를 부활시키심으로, 각 사람의 행함에 따라 심판하여 상급과 형벌을 정하신다. 그러나 오랜 기간에 걸쳐서 하시는 것이 아니다.

온 세계를 순간에 창조하신 하나님은 부활한 인류의 상급과 형벌도 단번에 정하신다. 또 죽을 때 이미 상급과 형벌이 정해져 있다.

8.2.3.2. 심판의 기준: 주 예수를 믿었느냐 안 믿었느냐로

하나님의 심판의 기준은 그리스도의 복음을 믿었느냐 안 믿었느냐뿐이다. 따라서 주 예수를 믿는 사람들은 영생을, 믿지 않은 사람들은 영벌을 받는다. 부활할 때 영원한 생명과 영원한 형벌로 정해져서 부활한다.

주 예수를 믿음으로 영생으로 정해진 사람들에게는 주 예수 그리스도의 재림이 다시없는 축복이다. 그의 다시 오심이 모든 인류의 소망이고 목표이다.

8.2.3.3. 믿는 자들이 영원히 하나님을 섬김

그리스도의 다시 오심으로 모든 구원 과정이 끝나고 죄와 죽음으로 인한 괴로운 삶이 끝난다. 이제 죄와 죽음에서 벗어나 하나님을 뵈오며 모시고 산다. 하나님을 모심이 영원한 영광이다 (계 22:3-5; 21:3, 7).

아담이 하나님을 반역한 이래 모든 사람들이 끊임없이 하나님을 반역하였다. 그런데도 하나님은 사랑의 얼굴로 찾아오셔서 주 예수를 믿으면 죄와 죽음에서 벗어나 영생하게 하신다고 약속하셨다. 또 온 영혼의 간절한 소망이고 존재 목적인 하나님을 모시고 섬기게 하신다. 반역한 백성을 돌이켜 주 예수 그리스도를 믿게 하시므로 하나님을 모시고 살도록 만드셨다 (계 21:3).

하나님을 섬김이 모든 인류의 존재 목적이고 전부였다. 이제 그 일이 하나님의 손에 의해서 이루어지게 되었다. 그러므로 하나님 앞에 담대히 서고 사랑스런 아들과 딸로 서서 살게 하셨다 (롬 8:15-16). 반역했던 자들이 하나님을 아버지로 모시고 섬기게 되었으니 영원한 기쁨과 만족과 찬양이 구원받은 인류의 입에서 터져 나온다.

영의 역사로 힘에 넘치는 찬양과 감사와 경배가 끊어지지 않는다. 영원히 계속된다. 모든 인류가 그들의 존재 목적에 도달하였으므로 생명의 벅찬 감격과 찬양이 용솟음쳐 나온다.

8.2.3.4. 새 인류는 영원히 하나님을 찬양하고 경배

새 인류는 하나님을 친히 모시고 살며 영원한 찬양과 경배를 끊임없이 바쳐드린다. 영의 힘으로 하기 때문에 새 인류가 찬양과 경배를 그치는 일이 있을 수 없다. 하나님의 영원한 생명으로 살기 때문에 새 인류는 영원히 창조주이시고 구속주이신 하나님을 찬양하는 데 피곤함이 없다. 천사들과 합하여 영원한 찬송과 경배를 창조주에게 바쳐드린다.

8.2.3.5. 불신자들도 영체로 부활, 영원한 형벌과 고통을 당함

불신자들과 악인들도 영적인 몸으로 부활한다. 하나님을 반역한 죄와 주 예수를 믿지 않은 죄 때문에 영원한 형벌을 받기 위해 영적 몸으로 부활한다. 형벌은 죄에 합당한 영원한 고통이다.

구원받은 자들이 영원한 생명을 누리며 영원히 하나님을 찬양하듯, 구원을 거부한 자들도 영원한 형벌과 고통을 당하기 위해서 부활한다. 그들도 영원히 존재하며 모든 고통을 끊임없이 당한다.

구원받은 자들이 영원히 살며 찬양과 경배를 영원히 이어가는 것처럼, 버림받은 자들도 영원히 존재하며 형벌과 고통을 받는다.

제3절 보편부활

창조주가 모든 사람을 전능한 권세로 부활시키신다. 곧 구속주가 그의 부활의 권세로 사람들을 부활하게 하신다. 창조주와 구속주는 동일한 하나님이므로 창조의 권세와 부활의 권세는 함께 역사한다.

구속주가 다시 오셔서 모든 인류를 일으키실 때 일부는 영광으로 또 일부는 치욕으로 부활한다.

부활한 인류는 선악 간에 심판을 받는다 (계 20:12; 마 25:31-46). 모든 인류는 주 예수 그리스도의 구원사역을 받아들였느냐 거부하였느냐 (요 12:48)로 심판받는다.

8.3.1. 믿는 자들의 부활

8.3.1.1. 믿는 자들은 영생과 영광을 받음

하나님은 범죄하여 다 죽게 된 사람들에게 주 예수 그리스도를 믿기만 하면 영원한 생명을 주기로 약속하셨다 (요 3:16). 주 예수를 믿기만 하면 반역죄와 다른 모든 죄들을 묻지 않고 용서하기로 하셨다. 이전의 모든 죄들을 무효화하고 죄짓지 않은 것으로 여겨서 영생을 주기로 하셨다. 주 예수를 믿는 자들은 하나님을 섬기는 선한 일을 하였으므로 그 상급으로 영생을 받는다 (요 3:16; 계 21:3-4; 22:3-5).

믿는 자들은 처음 범죄를 무효화하시겠다는 하나님의 약속을 받아들인 자들이다. 또한 그들은 죄용서와 함께 영원한 생명을 약속하신 하나님의 호의를 받아들인 자들이다.

그러므로 영광으로 일으켜진 자들은 단지 주 예수를 믿는 믿음 때문에 영생과 영광을 선사받은 것이다.

믿는 자들이 부활하는 것은 하나님의 사랑을 받아들였으므로 모든 죄가 용서되어 의롭다고 선언 받았기 때문이다. 의롭다는 선언은 믿을 때 이루어졌고 의로운 상태로 신자들이 죽었다. 의롭다는 선언은 부활 후까지 유효하여 영원한 생명과 영광을 받는 것을 뜻한다.

8.3.1.2. 믿는 자들은 하나님을 영원히 찬양하고 경배하기 위해 부활함

믿는 자들이 부활하면 하나님은 자기의 창조경륜을 온전히 성취하신다. 믿는 자들은 부활하면 하나님의 백성으로 온전하게 세워진다. 하나님이 그들 가운데 충만히 거주하시기 때문이다 (계 21:3).

그들은 창조경륜을 온전하게 이룬 자들이므로 영원히 하나님을 찬양하고 경배하기 위해서 부활한다. 하나님은 사람을 인격체로 창조하시고 언약을 체결하여 그들로 창조주 하나님만을 찬양하고 경배하게 세우셨다. 이제 그리스도의 피로 구속받은 백성들은 부활하여 하나님을 영원히 찬양하고 경배한다 (계 22:2-5). 하나님의 생명으로 살므로 피곤치 않고 창조주요 구속주이신 하나님을 영원히 찬양하고 경배한다. 그리하여 인생의 본분을 다한다. 인생의 본분을 다 하므로 온전한 사람으로 하나님 앞에 살고 영원히 찬양을 그치지 않는다.

8.3.2. 불신자들: 영벌과 고통으로 부활

반면에 영원한 형벌로 부활한 자들은 마지막까지 주 예수를 믿기를 거부한 자들이다. 그들은 모든 범죄를 용서하고 영생에 이르게 하겠다는 하나님의 약속을 마지막까지 거부하고 부정하였으니 용서받을 수 없는 악을 행한 것이다.

영원한 형벌을 받게 된 자들은 다시는 돌이킬 기회를 가질 수 없다. 살아 있는 동안 주 예수를 믿으라는 권고를 수없이 들었지만 그런 권유를 도저히 용납할 수 없는 것으로 무시하고 배척하였다. 그들은 창조주 하나님의 지극한 사랑을 거부하였으니 하나님의 인격과 위엄을 무시하고 짓밟는 일을 한 것이다. 하나님은 복음 제시 이후 오래 참고 기다리셨다. 그런데 마지막까지 복음을 받아들이지 않았을 뿐 아니라 그 복음을 웃음거리로 여겨 무시하였다.

그러므로 복음을 끝까지 배척한 사람들은 영원한 형벌이 합당하다. 그들은 영원한 불못에서 후회하고 탄식하고 절망할 뿐이고 다른 길은 전혀 있을 수 없다. 오직 돌이킬 수 없는 결정 때문에 그들은 영원한 고통과 형벌만을 당해야 한다 (계 20:15).

8.3.3. 모든 인류는 죽을 때 정해진 대로 부활함

모든 인류가 부활할 때 영원한 생명과 영원한 형벌로 결정되어 부활한다. 심판을 받아서 상급과 벌이 결정되는 것이 아니다.

사람이 죽을 때 주 예수를 믿었거나 믿지 않았거나의 상태로 죽었다. 그러므로 그들이 부활할 때는 상급과 형벌이 이미 결정되어 있다. 영생이나 영벌은 죽을 때 이미 결정되었으므로 배정된 대로 부활한다.

그러므로 모든 인류가 행함을 정밀하게 검사받고 그 결과에 따라 영생과 영벌이 다시 판정되는 것이 아니다. 부활하는 것은 살아 있을 때 한 마지막 결정대로 부활하여 그 신분으로 영원한 세계를 살게 된다.

모든 인류가 다 부활하므로 인류역사가 마감된다.

제4절 영원한 삶은 창조주와 구속주의 찬양과 경배로 이어짐

8.4.1. 하나님 찬양과 경배가 영원히 지속됨

구속받은 새 인류는 하나님 앞에서 영원히 찬양하고 경배한다. 새 인류의 삶 전체가 하나님 찬양과 경배이다. 구속된 인류는 온 마음과 영혼과 몸으로 힘 다하여 하나님을 찬양하고 경배한다.

거룩한 찬송과 경배가 일상생활의 법이 된다. 감사와 감탄이 터져 나오는 찬양과 경배이다. 날마다의 삶에서 하나님은 창조주와 구속주로 찬양을 받으시고 경배를 받으신다. 한없는 은혜와 지혜와 권능과 구속 때문에 새 백성들이 감사와 찬양을 쉴 수가 없다.

이런 삶의 방식으로 하나님의 창조경륜을 감탄하고 감사하여 첫 언약 백성으로서 하지 못한 사람의 본분을 수행한다.

창조와 구속을 이루신 하나님의 무한한 지혜와 권능을 인해서 감사하고 감탄하며 하나님의 크신 은혜와 권능을 송축한다. 구속받은 백성들은 날마다 힘이 넘쳐나서 창조주와 구속주를 찬양하고 감사하며 경탄의 찬양을 바쳐드린다.

백성들의 찬양과 송축은 경배로 이어진다. 이 경배와 찬양에 천사들이 동참한다. 모든 피조물들은 하나님 앞에 끊임없이 찬양대와 경배 무리로 선다. 하나님의 생명이 새 백성들에게 넘쳐나므로 하나님 찬양이 온 우주에 가득하게 된다.

이때 모든 창조물들도 창조주와 구속주 하나님을 찬양하고 경배한다.

8.4.2. 새 인류의 영원한 거소는 새롭게 된 땅

재림주가 오실 때 그의 오심을 알리기 위해 천체들을 흔들고 본래의 자리에서 옮겨지게 하신다 (마 24:29-30; 막 13:24-26). 하늘의 별들의 흔들림과 자리를 바꿈은 하나님의 처음 창조가 구속사역의 완성으로 변화되고 변형됨을 보이는 것이다.

8.4.2.1. 변환된 새 창조가 새 인류의 거소

그리스도가 다시 오셔서 모든 인류를 부활시키실 때 인류가 역사의 기간 내내 살아왔던 땅도 변화되고 변형된다. 그리하여 부활한 새 인류가 살기에 적합한 처소가 된다 (계 21:2, 10).

부활과 심판이 끝날 때 만물이 새롭게 된다 (계 21:5). 땅과 주변의 창조가 완전히 새롭게 되므로 처음 하늘과 처음 땅이 다시 있지 않고 변환된 새 하늘과 새 땅이 된다 (계 21:1). 이 새 땅에서 새 인류가 하나님을 모시고 영원히 산다 (계 22:3-5).

8.4.2.2. 하나님이 새 인류에게 충만 임재

하나님은 새 땅에, 새 백성 가운데 친히 임재하신다 (계 21:3-4, 7). 하나님이 친히 백성 가운데 거하시므로 하나님의 영광이 충만하여 그의 영광의 빛으로 산다 (계 21:22-23).

지금까지는 별들의 빛으로 인류가 살았다. 주로 해와 별들의 빛과 열로 살며 자연적인 삶을 살았다. 새 하늘과 새 땅에서는 별들이 자기소임을 다하였다.

이제 하나님이 새 인류에게 오셔서 충만히 거하시므로 별들이 더 이상 할 일이 없어졌다. 별들이 없어진 것이 아니지만 하나님의 영광의 빛이 넘쳐나므로 할 일을 다하였다 (계 21:23; 22:5).

새 땅에서 새 인류가 하나님의 영광의 빛 가운데서 거룩한 삶을 살며 (계 21:22-23) 하나님의 창조와 구속 때문에 하나님을 영원히 찬양하며 경배한다 (계 4:11; 5:9-13; 7:10-12).

8.4.3. 새 인류의 거소는 그냥 새 땅이 아니라 예루살렘성임

성은 인류 종족의 문화 활동의 총화를 뜻한다. 첫 아담부터 사람들은 하나님의 명령을 받아서 창조를 탐구하고 (창 1:28) 활용하여 문화를 이루어냈다.

이렇게 인류는 각 종족별로 그 활동기간에 탐구하여 얻은 하나님의 창조의 지혜와 권능을 활용하였다. 이런 탐구가 비록 범죄자들에 의해서 이루어졌어도 얻어진 것들은 다 하나님의 지혜와 권능을 드러냄이다.

이런 인류의 문화업적이 성을 장식하는 벽돌들이 된다. 창조주 하나님은 인류의 문화업적들을 그리스도의 피로 깨끗하게 하셔서 새 땅을 꾸미고 치장하신다. 그리하여 새 인류가 살게 될 새 땅은 에덴동산처럼 창조된 대로의 상태가 아니라 성 곧 도시가 된다.

인류의 문화업적으로 꾸며진 새 땅 곧 새 예루살렘성에서 하나님을 찬양하고 섬긴다.

8.4.4. 하나님의 충만한 임재를 모시고 삶

범죄 후 하나님은 그의 영의 임재를 철수하셨다 (창 6:3). 그러나 그리스도의 구속사역으로 새 인류를 조성하시고 영원히 그들 가운데 거주하신다. 새 백성은 하나님의 충만한 임재를 모시고 영원히 찬양하며 산다.

8.4.4.1. 이스라엘 가운데 하나님의 임재는 충만 거주의 준비

첫 인류가 범죄하여 하나님을 반역하므로 하나님이 그의 임재를 인류에게서 철수하셨다. "나의 신이 영원히 사람과 함께 하지 아니하리니" (창 6:3)라고 말씀하심으로 하나님이 성령을 범죄한 인류에게서 철수하셨음을 명백히 하셨다.

그 후 하나님은 이스라엘을 택하시고 자기의 백성을 삼기 위해

애굽에서 구출하셨다. 그들을 미디안으로 이끌고 오셔서 호렙산 곧 시내산에서 그들과 언약을 체결하셨다 (출 19:3-24:18). 언약을 체결하여 자기의 백성으로 삼으셨기 때문에 하나님은 이스라엘에게 자기의 임재를 두셨다. 하나님이 자기의 임재를 두셔야 그 백성이 하나님의 백성이 되기 때문이다.

이스라엘은 그리스도의 피로 깨끗해지지 못했으므로 성령은 이스라엘 백성 각 사람 안에 거주하실 수 없었다. 그래서 그들 위에 그들 전체 가운데 계시기 위하여 성막을 짓게 하셨다 (출 25:8; 25:1-27:21; 35:10-38:31). 성막이 다 이루어진 후에 하나님은 자기의 임재를 성막에 두시므로 (출 40:34-35), 하나님이 이스라엘을 자기의 백성 삼으셨음을 분명히 하셨다.

성막에 하나님의 임재는 모든 이스라엘 백성 위에 계심이고 그들 가운데 거하심이다. 그 후 하나님은 그의 임재를 성막에서 성전으로 옮기셨다 (왕상 8:10-11; 6:1-38; 7:13-8:21). 성막과 성전에 하나님이 임재하심은 그의 영광을 가득 채우심으로 나타내셨다 (출 40:34-35; 왕상 8:10-11).

이 하나님의 임재는 그리스도로 모든 인류를 회복하여 그들 가운데 충만하게 거주하시려는 그의 작정을 미리 알리심이요 예표이다. 그리스도의 피로 회복된 백성만이 죄를 온전하게 용서받아 완전한 하나님의 백성이 되기 때문이다. 그리스도의 피로 회복된 백성들 가운데 충만하게 임재하시기 위해 이스라엘을 택하시고 그들 가운데 계셨다.

8.4.4.2. 하나님이 교회에 임재하심도 충만한 거주 준비

하나님이 이스라엘을 애굽에서 구출하시고 그들 가운데 임재하셨다. 그때 하나님은 백성 가운데 또 그들 위에 계셨다. 그 임재는 신약에서 이루어질 성령의 교회와 신자들 각자 안에 임재하심을 위한 준비였다.

그리스도의 피로 구속받은 신약의 백성들은 성령의 임재를 각자 안에 모셨다. 그러나 그리스도인들과 교회도 죄의 오염을 다 벗지 못하였으므로 성령의 임재가 완전한 임재가 되지 못하였다.

그의 교회에 임재하심도 종말에 하나님이 새 인류에게 오셔서 충만하게 거주하심을 준비하는 과정이다 (엡 2:20-22; 고후 3:18). 모든 믿는 자들이 온전하게 되면 하나님이 그들에게 오셔서 그들 가운데 충만히 거주하신다 (고전 15:28; 계 21:3; 22:3-5).

8.4.4.3. 부활한 새 백성 가운데 하나님이 충만 거주

창조주를 반역한 많은 백성들이 그리스도의 구속으로 하나님의 백성으로 돌아왔다. 구속이 완성될 때 하나님 나라의 백성들의 규모가 드러난다. 그날은 주 예수 그리스도의 다시 오심의 날이다. 그때 그리스도는 창조주와 구속주로 다시 오신다.

성경은 하나님이 인류에게 오셔서 충만히 거주하시는 것을 혼인 잔치에 비유했다 (계 19:6-9). 하나님이 친히 그의 백성과 연합하셔서 그들과 함께 하심을 나타낸 것이다.

에덴의 동쪽에서부터 하나님의 임재가 인류에게서 떠났는데 (창

6:3) 이제 그리스도의 구속이 완성되었으므로 그의 피로 죄에서 깨끗하게 된 백성들이 충만히 하나님을 모시고 살게 되었다.

하나님이 친히 오셔서 그리스도의 피로 깨끗해진 새 백성 가운데 충만하게 사신다. 하나님이 백성들에게 오셔서 친히 함께 사시므로 그들이 완전한 하나님의 백성이 된다 (계 21:3-4, 7).

이렇게 하나님의 백성으로서 하나님의 임재를 충만히 모시고 살기 위해서 새 백성은 주 예수를 믿을 때부터 성령을 모시고 살았다 (갈 4:6; 롬 8:14-16; 엡 1:13-14; 4:30; 고전 12:3). 이렇게 그리스도인들이 성령을 모시고 사는 것은 영원세계에서 하나님의 충만한 임재를 모시고 살기 위한 연습이다.

하나님이 인류역사 마지막 날에 새 인류에게 오사 충만하게 임재하시므로 그 백성들이 하나님의 친 백성이 되고 친 아들들이 된다 (계 21:3-4, 7; 22:3-4).

새 인류가 하나님의 충만한 임재 가운데 살므로 감사와 찬송과 영광송이 넘쳐난다. 창조와 구속 때문에 새 인류가 하나님께 넘치는 찬양과 경배를 끊임없이 바쳐드린다.

8.4.4.4. 영적 몸이 신이 되는 것은 불가

새 인류가 하나님의 임재를 충만하게 모셔도 피조물의 신분이 바뀌는 것은 아니다. 새 인류가 영적 몸을 입고 하나님의 충만한 임재 가운데 살지만, 그 때문에 피조물이 하나님과 같이 되거나 천사가 되는 일은 결코 일어나지 않는다.

전통적인 로마교회의 신학에 의하면 마지막 때 사람들이 영적 몸을 입고 하나님 앞에 서면 하나님으로부터 특별한 빛 (lumen speciale) 곧 영광의 빛을 받아 합리적인 영혼이 변화되어 신이 된다 (deificatio)고 하였다. 사람이 영광의 상태에서 영광의 빛을 받아 합리적 영혼이 신이 되는 일이 일어나므로 하나님의 본질을 직관한다고 주장한다. 피조물일 때는 하나님의 본질을 직관할 수 없었지만 이제 신이 되었으므로 하나님의 본질을 직관한다고 가르쳤다. 하나님의 본질직관 (visio Dei essentialis) 곧 삼위일체의 비밀을 직관하게 된다는 것이다.

이런 것은 성경과 종교개혁신학에서는 결코 일어나지 않는다. 구원받은 모든 사람들은 창조주 하나님 앞에 피조물로 선다. 하나님의 본질을 직관하는 일이 결코 일어나지 않는다. 그때도 피조물로 남아 하나님의 얼굴 앞에서 산다.

계 22:4에 "그의 얼굴을 볼 터이요"라고 했다. 이것은 하나님의 본질을 직관하는 것이 결코 아니다. 피조물은 하나님의 본질을 직관할 수 없다. 하나님의 본질은 삼위일체의 신비이다. 삼위일체의 신비를 결코 직관할 수 없다. 하나님의 얼굴 앞에서 피조물로 살 뿐이다.

8.4.4.5. 영원세계에서도 하나님 지식은 계시로 받음

이렇게 하나님의 얼굴 앞에 살 때에도 사람은 계시로 하나님에 관하여 더 깊고 바르게 알게 될 것이다.

이미 계시로 받은 하나님 지식도 참 지식이어서 하나님 얼굴 앞에 설 때에도 달라지지 않는다. 동일한 하나님, 창조주요 구속주이신 하나님을 알고 믿으며 안심하고 기쁘게 산다.

하나님을 모시고 살 때에도 하나님의 지식은 계시로 받는다.

8.4.5. 새 인류는 자연 순환법으로 아니고 하나님의 생명으로 삶

8.4.5.1. 지금은 별빛으로 삶

지금은 사람들이 별들의 빛과 열로 산다. 특별히 해의 빛과 열의 역할이 크다. 별들의 빛과 열이 변형되어 식량이 되고 옷감이 되었다. 이제껏 인류는 태양 에너지의 변형을 먹고 옷을 만들어 입으며 살아왔다.

8.4.5.2. 영원세계에서는 하나님의 영광의 빛으로 삶

영원세계에서는 더 이상 별들의 빛과 열을 필요하지 않게 된다. 하나님이 사람들 가운데 오셔서 친히 그들과 함께 사시기 때문이다. 하나님의 영광이 너무도 찬란하므로 별들의 빛을 대체한다. 해 아래 달빛이 이지러지듯 하나님의 영광의 빛 앞에 모든 별들이 그 빛이 흐려진다.

8.4.5.3. 하나님의 생명으로 살므로 자연 순환법으로 살지 않음

별빛의 변형으로 살 때는 사람들이 먹고 내어놓는 방식으로 살아왔다. 곧 자연 순환법으로 살아왔다.

그러나 새 인류는 더 이상 이런 삶을 이어가지 않는다. 첫째로 영적 몸으로 부활하였으므로 물리적인 식량으로 삶의 힘을 공급받는 것이 아니다. 영적 몸이 되었으므로 먹고 마시는 것으로 살지 않는다. 따라서 별들이 더 이상 할 역할이 없어진다.

둘째로 새 인류는 하나님의 생명으로 곧 하나님의 영광의 빛으로 산다. 영적 몸이 되어 하나님의 영원한 생명으로 살기 때문에 육적인 삶의 방식을 다 벗어난다.

부활한 몸은 하나님의 생명으로 곧 영으로 살기 때문에 영원히 산다.

8.4.5.4. 영원한 생명은 전적으로 은혜

새 인류의 영생은 전적으로 하나님의 은혜의 선물이다. 하나님의 생명이 새 인류에게 넘치게 흘러간다. 이 진리를 계시록은 "생명수의 강을 내게 보이니 하나님과 어린양의 보좌로부터 나서 길 가운데로 흐르더라"(계 22:1-2)고 기록하였다.

'길 가운데'는 사람이 사는 삶의 터전을 말한다. 곧 하나님의 생명이 새 인류에게 넘쳐남을 말한다. "강 좌우에 생명나무가 있어 열두 가지 실과를 맺히되 달마다 그 실과를 맺히고 그 나무 잎사귀들은 만국을 소성하기 위하여 있더라"(계 22:2). 낙원에서 생명나무 열매와 생명수로 약속하신 것이 종말에서 성취되어 사람들이 하나님의 생명으로 영생하게 된 것을 밝히고 있다.

새 세계에서는 하나님을 충만히 모시고 살므로 하나님의 생명이 넘쳐나서 찬송과 경배가 한없이 계속된다.

8.4.5.5. 저주가 해제된 것도 영생의 조건

또 영생할 수 있는 것은 저주가 해제되었기 때문이다. "다시 저주가 없으며 하나님과 그 어린양의 보좌가 그 가운데 있으리니 그의 종들이 그를 섬기며"(계 22:3).

어린양의 피로 새 인류에게서 죄가 완전히 소제되었으므로 처음 창조에 내려졌던 저주가 (창 3:17) 없어지고 죽음이 완전히 제거되었다. 그러므로 새 인류는 죽음도 모르고 죽을 수도 없어서 영생하며 하나님을 모시고 세세토록 왕 노릇한다 (계 22:5).

8.4.6. 하나님을 섬김과 날마다의 삶이 하나가 됨

8.4.6.1. 낙원에서 아담은 창조주를 찬양하고 경배하였음

에덴동산에서 아담은 하나님의 창조세계를 탐구하며 살았다 (창 1:26, 28; 2:15, 19-20). 아담이 하나님의 창조세계를 탐구하여 그 성질과 법칙들을 알아 이름들을 지었다 (창 2:19-20). 창조세계의 모든 사물들을 탐구할 때마다 창조주 하나님의 지혜와 권능과 호의를 발견하고 그때마다 하나님을 찬양하고 감사하며 경배하였다. 그의 삶은 바로 예배였고 찬송이었다. 아담의 삶과 하나님 경배는 언제나 하나였고 둘로 나뉘지 않았다.

8.4.6.2. 범죄 후에는 안식일이나 주일 하루만 하나님 섬김

안식일이나 주일 하루만 하나님을 예배하고 찬양하며 나머지 날들은 자기 일에만 몰두하는 삶은 타락 후의 일이었다. 그렇게라도 하나님을 섬기는 일은 적은 무리만이 하였다.

8.4.6.3. 영원세계에서 사람의 삶은 끊임없는 찬양과 경배임

종말 영원세계에서는 처음 창조세계의 삶의 방식으로 돌아간다. 아담은 창조세계를 탐구하고 하나님을 찬양하고 경배하는 것을 언제나 동시적으로 함께 행하였다. 창조세계를 탐구하여 문화세계를 이루는 일과 창조주 하나님을 찬양하고 경배하는 것은 한 번도 나뉜 적이 없었다.

영원세계에서의 삶도 아담의 삶의 방식과 같게 된다. 하나님을 섬기는 것과 날마다 사는 삶이 하나가 된다. 삶이 곧 하나님 찬양이고 경배이다. 모든 삶에서 하나님을 찬양하고 경배한다.

하나님과 어린양의 보좌가 사람들 가운데 있으므로 사람들은 언제 어디서나 창조주요 구속주이신 하나님을 찬양하고 경배한다. 범죄로 하지 못했던 하나님 섬김을 날마다 하고 온 마음으로 한다. 하나님의 선하신 창조, 죄와 죽음에서 구원하여 하나님을 모시고 영원히 살 수 있게 하심 때문에 늘 감사하고 찬양하고 경배한다.

사람들은 무슨 일을 하든지 하나님 찬양으로 시작하고 하나님 경배로 나아가며 하나님 섬김으로 마친다. 새 인류가 마음을 하나로 하여 넘쳐나게 하나님을 찬양하고 경배한다. 여기서는 하나님 섬김에 지침이나 고단함이 전혀 없다. 늘 찬송하고 늘 찬송을 이어간다.

무궁한 세월이 흘러갈 때에도 하나님 찬양과 경배가 쉬거나 그침이 있을 수 없다.

8.4.7. 영원세계에서도 창조의 탐구가 날마다의 삶

창조주 하나님은 처음 만물을 창조하시고 (창 1:1-30) 사람으로 만물을 탐구하여 이름을 짓게 하셨다 (창 2:19-20).

첫 사람 아담이 이 일을 잘 하였다. 그러나 유혹자가 아담과 하와를 꾀므로 넘어져 (창 3:1-7) 창조 탐구를 더 하지 못하였다.

8.4.7.1. 범죄 후에는 하나님의 창조세계를 바르게 탐구할 수 없었음

이렇게 하여 첫 인류가 창조주와 맺은 언약을 (창 2:17) 버리고 창조주를 하나님으로 섬기지 않기로 하였다 (창 3:4-6). 인류가 하나님을 반역하였다 (창 3:4-7).

반역죄의 결과로 인류는 심판을 받고 죽음에 이르도록 정죄되었다 (창 3:17-19). 그 후에 인류는 낙원에서 쫓겨나서 (창 3:22-24), 흙을 파서 곡식을 가꾸어 살아야 하므로 날마다의 삶을 이어가기 바빴다 (창 3:17-19).

아담의 자식들도 땅을 파서 살며 어려운 삶을 이어갔다. 그뿐만 아니라 저주로 말미암아 온갖 질병과 자연재해와 종족들 사이에 전쟁 등으로 마땅한 삶을 살지 못했다. 그러므로 하나님의 창조세계를 합당하게 탐구할 수 없었다.

살아남기도 벅차고 힘들어서 창조세계를 바르게 탐구할 수 없었다. 따라서 소수의 사람들만 사물들과 하늘의 별들을 들여다보기 시작하였다. 이런 탐구로는 광대무변한 우주에서 창조주의 지혜와 권능을 헤아리는 것이 전적으로 불가능하였다.

큰 사물들뿐 아니라 가장 작은 사물의 조각에도 하나님의 무한한 지혜와 권능이 들어 있다. 세포 하나만 평생 탐구해도 그 구조와 기능들과 작용을 다 헤아릴 수가 없다.

더구나 범죄와 저주 때문에 사람들의 지각이 어두워지고 혼란되어서 창조주 하나님의 지혜와 권능을 알아내는 것이 매우 어렵게 되었다. 그냥 삶에 필요한 수준에서만 사물들을 알아보고 활용하였다. 따라서 사물들의 깊은 구조와 기능과 법칙은 창조된 대로 식별하는 것이 매우 어렵게 되었다.

창조세계에 대한 경탄과 찬탄은 간혹 있어왔어도 세계가 창조주 하나님의 지혜와 권능으로 지어졌다는 사실에는 아예 눈을 감았다. 그러므로 사물들을 운행하시는 섭리에 대해서는 아예 알지도 못하였다.

사물들이 크면 그것들을 신으로 섬기고 절하는 비참한 삶을 살아왔다. 크거나 사납거나 기이하면 그런 것들을 신으로 섬기므로 하나님의 창조물로 깨닫지 못하고 창조주가 어떤 계획 혹은 도안으로 창조하셨는지는 도저히 생각할 수도 없었다 (롬 1:19-23).

사물을 들여다보고 창조주의 무한한 지혜와 권능을 살펴보는 것은 전적으로 생각 밖의 일이 되었다.

8.4.7.2. 그리스도의 구속사역이 창조 탐구에 새 문을 엶

이렇게 수천 년을 내려오다가 인류의 지각에 조금 변동이 일어나기 시작하였다. 그리스도의 구속사역이 사람들의 지각의 활용에 변화를 가져온 것이다.

인류가 그리스도의 피로 구속받은 후에 인류의 학문 활동이 이전보다 크게 진보하였다. 그리스도의 구원을 받아들인 사람들은 사물들을 보면서 그것들을 창조하신 창조주를 인지하게 되었다.

그래도 죄의 역사와 그리스도의 구속을 부인함이 천지만물을 바르게 탐구할 수 없게 만들고 있다.

8.4.7.3. 새 인류는 변화된 지성으로 하나님의 창조를 영구히 탐구

저주가 걷히고 창조가 회복되어 새 인류가 땅 위에 살 때 하나님의 창조를 처음 창조하신 대로 탐구하여 하나님의 지혜와 권능을 마음껏 드러내게 된다. 새 인류가 변화된 지성으로 만물을 탐구하여도 무한한 하나님의 지혜와 권능으로 이룬 창조를 단번에 혹은 일정한 시간에 다 탐구할 수 없다.

따라서 새 인류는 영구히 하나님의 창조를 탐구하여 그의 무한한 지혜와 권능을 드러내고 찬양과 경배를 쉬지 않을 것이다.

모든 창조세계에서 하나님의 저주가 걷히므로 더욱 빛나는 창조의 빛 아래 새로워진 지성으로 하나님의 무한한 지혜와 권능을 탐구하여 그의 이름과 영광에 합당한 찬송을 계속할 것이다.

그리하여 새 인류는 영원세계에서 하나님의 창조와 구원으로 말미암아 창조주 하나님을 찬양하고 경배할 것이다 (계 22:3).

8.4.8. 영원세계에서 구속받은 자들이 누릴 상급

영원세계에서 영원히 하나님을 찬양하고 경배하는 백성들은 순전히 은혜로 구원 얻은 자들이다. 하나님이 그들을 죄와 죽음에서 구원하기 위해서 성육신하여 피 흘리심으로 그들의 죗값을 갚아 영생에 이르게 하셨다. 또 성령이 역사하셔서 믿게 하시므로 믿는 자들이 죄용서 받고 영생을 누리게 되었다.

구원받은 백성들이 사람의 본분대로 영원히 하나님을 찬양하고 경배한다. 이 본분이 얼마나 영광스러운 특권인가!

그런데 구원 얻은 백성들이라고 똑같이 주 예수를 잘 믿고 살았던 것은 아니다. 겨우 믿는 사람들도 있고 열성적으로 믿은 사람들도 있다. 바울은 전심으로 주 예수를 믿고 그의 복음전파를 위해서 일생을 다 바쳤다. 이렇게 믿음의 열성과 헌신에 차등이 큰 사람들이 단지 구원 얻은 면에서 다 같다고 보는 것이 합당하다고 할 수 있겠는가?

비록 하나님의 은혜가 모든 일을 이루었어도 은혜에 의한 공력 (功力)에 상을 주시는 것이 합당하다고 여기게 된다.

바울도 믿는 자라고 상급이 다 같을 수 없다고 말하는 것처럼 보인다. "만일 누구든지 그 위에 세운 공력이 그대로 있으면 상을 받고 누구든지 공력이 불타면 해를 받으리니 그러나 자기는 구원을 얻되 불 가운데서 얻은 것과 같으리라" (고전 3:13-15).

바울은 자기가 주 앞에서 큰 상을 받을 것을 기대하는 진술을 한 것으로 느껴진다. "이제 후로는 나를 위하여 의의 면류관이 예비되었으므로 주 곧 의로우신 재판장이 그날에 내게 주실 것이니"(딤후 4:8). "푯대를 향하여 그리스도 예수 안에서 하나님이 위에서 부르신 부름의 상을 위하여 좇아가노라"(빌 3:14).

이런 말씀들로 바울은 상 받기 위해 진력했다고 할 수 있지 않을까? 계 2:7에는 "네가 죽도록 충성하라 그리하면 내가 생명의 면류관을 네게 주리라"고 명백히 선언하고 있다.

또 주 예수 자신이 핍박받는 자들이 하늘에서 상이 클 것을 말씀하고 있다. "나를 인하여 너희를 욕하고 핍박하고 거짓으로 너희를 거스려 모든 악한 말을 할 때에는 너희에게 복이 있나니 기뻐하고 즐거워하라 하늘에서 너희의 상이 큼이라"(마 5:11-12).

그러나 상을 약속한 말씀들을 조금 깊이 살펴보면 하늘에서 받을 상급은 땅에서 받는 상급처럼 차등이 있는 것이 아니다. 구속받은 백성들이 받을 상급은 순전히 은혜로 주신 것이다.

바울이 받을 상급은 의의 면류관이다. 의의 면류관은 주 예수를 믿음으로 영생 얻는 것을 말한다. 의는 본래 하나님 앞에서 살 생존권을 뜻한다. 의의 면류관은 별종의 면류관이 아니라 주 예수를 믿는 믿음 때문에 부활하여 영생 얻는 것을 말한다.

바울만이 의의 면류관을 받는 것이 아니고 주 예수를 믿고 그의 다시 오심을 기다리는 모든 자들이 다 받는다고 하였다 (딤후 4:8). 그러므로 사도라고 하여 별도의 면류관을 받는 것이 아니다.

구속받은 백성들이 받는 상급은 주 예수를 믿는 믿음 때문에 받는 것이고 공로로 받는 것이 아니다. 주 예수를 믿는 자들이 받는 상급은 부활하여 영생에 이르는 것이다. 영생하므로 창조주 하나님 곧 구속주 하나님을 영원히 찬양하고 경배하는 삶을 산다. 이것이 모든 성도들이 받을 상이다. 그 외에 다른 상급은 신약성경 전체에 없다.

사형수로 단두대에 올랐던 죄수가 왕의 특명에 의해 사면 받아 살게 되었을 뿐만 아니라 왕이 사는 궁중에서 그의 친아들처럼 산다면 그 이상 바랄 것이 무엇이겠는가!

그리스도의 피로 구속받아 하나님의 백성이 된 사람들은 부활하여 하나님을 친히 모시고 그를 찬양하고 경배하는 삶을 영원히 누린다. 이것이 성도들이 받을 최상의 상이다.

하나님을 반역하므로 영원히 죽을 수밖에 없게 된 사람들이 하나님의 구속사역으로 주 예수를 믿고 영생을 얻었으면 그 이상 바랄 것이 무엇이겠는가! 영 죽을 죄인이 순전히 은혜로 부활하여 하나님 앞에서 영원히 하나님을 찬양하고 경배하는 것처럼 기쁘고 감격스런 일이 어디 있겠는가!

주 예수께서 약속하신 상은 주 예수를 믿는 자들이 부활하여 영원히 살며 하나님을 찬양하고 경배하는 것이다.

제5절 만유의 회복

구원주가 심판주로 오셔서 모든 인류를 부활시키신다. 그리고 믿는 자와 믿지 않는 사람들을 심판하여 그들에게 최종 자리를 배정하신다. 주 예수를 믿는 자들은 영생과 하나님의 영광에 이른다. 하나님의 구원섭리를 끝까지 거부하여 믿지 않는 자들은 심판받아 영원한 형벌에 처해진다.

아담으로부터 시작한 인류역사가 심판으로 끝이 난다. 그리하여 하나님은 처음 창조에 내리신 저주를 거두신다. 죄로 말미암아 창조에 내려진 저주가 걷히므로 창조가 처음 영광과 광채에 이른다. 저주로 일어난 모든 혼란과 무질서가 다 제거되어 온전한 처음 질서로 돌아간다. 만물이 새롭게 된다 (계 21:5). 곧 창조주가 만물을 새롭게 하신다.

그리고 창조주 하나님이 새 인류에게 오셔서 충만하게 거주하신다. 이것이 하나님이 만유 안에 만유가 되심이다 (엡 4:6; 골 3:11).

8.5.1. 저주가 걷히므로 만유가 회복됨

첫 인류의 범죄로 하나님의 저주가 온 창조에 임하여 왔다. 언약 백성이 창조주 하나님 섬김을 거부하여 반역죄를 지었기 때문이다.

창조주는 사람을 하나님의 형상으로 곧 인격체로 지으시고 (창 1:26-27) 언약을 체결하여 창조주만을 하나님으로 섬기도록 하셨다 (창 2:17).

창조주는 선악과계명으로 아담과 언약을 맺으시어 온 마음과 온 힘으로 창조주만을 섬기게 하셨다 (마 22:37; 막 12:30).

8.5.1.1. 인류의 범죄로 죽음과 저주가 온 누리에 임함

선악계명은 창조주 하나님을 섬기는 것이 선이고 창조주 하나님을 섬기기를 거부하는 것이 악임을 뜻한다. 창조주만을 하나님으로 섬기는 것은 본래 사람의 창조 목적과 일치한다. 사람을 창조하신 목적대로 사람이 창조주만을 하나님으로 섬기면 그것이 선이어서 생명에 이른다. 그러나 사람이 자기의 존재 목적에 거슬러서 창조주 하나님 섬김을 거부하면 그것이 악이어서 죽음에 이른다.

선악은 창조주 하나님을 섬기느냐 아니면 거부하느냐일 뿐이다. 그러므로 선악계명으로 언약을 체결하시고 그 계명을 범하면 죽는다고 하셨다. 하나님은 선악계명을 한 나무에다가 매셔서 그 나무의 실과를 먹지 않으면 그것이 하나님 섬김을 계속하는 것임을 분명하게 하셨다. 그러나 먹으면 하나님 섬김을 거부하는 것을 뜻한다. 따라서 자동적으로 죽음에 이른다 (창 2:17).

그런데 첫 인류가 유혹을 받아 창조주 하나님만을 섬기지 않고 자주자가 되기로 하므로 하나님은 언약체결 시 말씀하신 대로 죽음과 저주를 선언하셨다 (창 3:17-19).

이 선언 후에 죽음이 모든 생명세계에 법칙으로 세워졌다. 온 창조에 저주가 선언되므로 생명체들이 죽어서 썩어 사라지게 되었다. 아무런 예외도 없이 모든 생명체들이 다 죽고 죽은 후에는 썩어서 사라지므로 흔적도 없게 되었다.

물리적 세계에도 혼돈과 무질서가 주장하게 되었다. 물리적인 사물들도 풀어져 없어지도록 일이 진행되었다.

8.5.1.2. 그리스도의 피 흘림으로 창조경륜의 성취

그러나 하나님이 그리스도의 피 흘리심으로 범죄한 인류를 다시 돌이켜 자기의 백성을 삼으셔서 처음 창조경륜을 이루시게 되었다.

창조주는 하나님을 찬양하고 경배할 백성들을 그리스도의 복음으로 다 모으신다. 그리고 인류의 역사를 마감하신다.

8.5.1.3. 경륜성취 시 저주를 거두심

역사가 종결될 때 창조주는 처음 창조에 내리셨던 저주를 (창 3:17) 거두실 것이다 (계 21:5). 땅 위에 내린 저주가 걷히므로 만물은 처음 창조 시의 광채로 돌아간다. 따라서 생명체들의 죽음과 풀어 없어짐이 사라지게 된다. 만물 가운데 작용하는 해체와 부패도 없어지고 무질서와 혼란도 다 정리될 것이다. 그리하여 땅이 구속받은 백성들의 합당한 거소가 된다.

또 구속받은 백성들은 변화된 지성 곧 처음 지음 받은 밝은 지성으로 하나님의 창조세계를 더 확실하고 분명하게 살펴볼 수 있게 된다.

그리하여 창조와 구원으로 말미암아 창조주 하나님을 영원토록 찬양할 것이다. 창조주는 그의 구속과 함께 무한대한 창조를 이루어내신 지혜와 권능으로 말미암아 영원히 찬양과 경배를 받으신다.

8.5.2. 만유의 회복에 인류의 문화업적이 포함됨

계시록은 인류의 종족들의 문화업적이 종말세계에 편입됨을 말하고 있다. "만국이 그 빛 가운데로 다니고 땅의 왕들이 자기 영광을 가지고 그리로 들어오리라" (계 21:24). "사람들이 만국의 영광과 존귀를 가지고 그리로 들어오겠고" (계 21:26).

왕들이 자기 영광을 가지고 그리로 들어오고 사람들이 만국의 영광과 존귀를 가지고 그리로 들어오는 것은, 민족들과 족속들이 하나님의 창조에서 찾아낸 법칙과 성질을 활용하여 이룬 문화업적을 하나님의 나라로 들여오는 것을 말한다.

비록 반역한 백성의 후손으로서 창조세계를 탐구하였지만 창조주의 지혜와 권능의 결정체인 사물의 법칙과 성질, 아름다움과 탁월함과 영화로움을 찾아냈다. 그러므로 그 업적들은 소실되지 않고 그리스도의 피로 씻어져서 하나님의 나라에 편입된다.

이 창조 탐구의 결과물들은 새 인류가 하나님의 창조세계를 탐구할 기초이고 발판이 될 것이다.

8.5.3. 마지막 날 하나님이 새 인류에게 충만히 거주하심

하나님은 처음 창조 때 자기의 백성을 가지시고 그들 가운데 거하시며 찬양과 경배를 받기로 정하셨다. 언약체결로 첫 인류가 하나님의 백성이 되었으므로 하나님은 영으로 그들과 함께 거하셨다 (창 6:3).

마지막 날에 하나님이 친히 새 인류에게 충만히 거주하신다.

8.5.3.1. 대신 죗값 지불로 죄용서

첫 인류가 언약체결로 창조주 하나님만 섬기도록 정해졌지만 하나님을 반역하였다.

백성의 반역 때문에 하나님은 인류와 창조에 죽음과 저주를 선언하셨다 (창 3:17-19). 그럼에도 창조주 하나님은 창조경륜대로 백성 가운데 거주하시며 그들의 찬양과 경배를 기뻐하기로 하셨다.

이 목적으로 죗값을 갚아 죄를 무효화하여 백성을 돌이키기로 하셨다. 하나님이 대신 죗값을 갚아 인류를 돌이키기로 하셨다.

하나님이 예수 그리스도로 세상에 오셔서 십자가에서 피 흘리시므로 죗값을 다 지불하셨다. 이로써 성육신하신 하나님의 피 흘리심을 믿는 자들로 죄용서와 영생을 얻게 하셔서 (요 3:16) 자기의 백성으로 삼으셨다.

8.5.3.2. 백성 모으심이 성취됨

역사 끝에 하나님이 그리스도의 피로 자기의 백성을 모으시는 일이 다 이루어진다. 따라서 심판주는 믿지 않는 자들을 심판으로 땅에서 제거하신다. 그리고 믿는 자들로만 하나님의 백성을 삼으신다.

8.5.3.3. 하나님의 충만 임재가 완성됨

백성을 다 모으시면 하나님이 자기의 구속받은 백성 가운데 충만히 거주하시게 된다 (계 21:3). 이로써 창조주 하나님은 자기의 창조경륜을 온전히 이루신다. 따라서 하나님이 자기의 백성 가운데 충만히 거주하시므로 만유 안에 만유가 되신다 (엡 4:6; 고전 15:28).

새 땅도 새 백성을 통해서 창조주 하나님을 모시는 거룩한 산이 된다 (사 65:25). 새 땅은 구속받은 인류가 하나님의 임재를 충만히 모시고 찬양과 경배를 영원히 계속하도록 돕는다.

8.5.4. 선택된 천사들이 하나님을 영원히 찬양하기 위해서 구속받은 백성에 가담함

창조주 하나님을 찬양하고 경배해왔던 천사들이 마지막 날 하나님이 새 인류 가운데 거처를 정하실 때 천사들도 새 백성에 가담한다. 그리하여 구속받은 백성과 함께 천군 천사들이 영원까지 하나님의 창조와 사람을 구원하심을 인하여 감사하고 찬양한다 (계 7:10-12; 14:7). 본래 하나님 찬양과 경배는 언약백성의 몫이다.

사람 구원과 택한 백성들을 돕는 일을 하던 천사들은 마지막 날 하나님 섬김만을 그들의 직임으로 갖는다. 그러므로 구속받은 백성들의 하나님 찬양과 경배에 천사들이 함께 한다. 이 천사들은 택함받아 범죄하지 않은 천사들이다.

타락한 천사들과 그 머리인 사탄까지 회복되는 것은 불가하다. 사탄과 그 무리들은 마지막 심판 때 영원한 지옥 불에 던져진다 (계 20:10). 그러므로 그들이 원래 상태로 돌아가는 것은 불가능하다.

사탄과 그 무리들까지 회복된다는 주장을 오리게네스가 펴서 만유의 완전 회복을 주장하였다. 이것은 성경적 근거가 전혀 없는 주장이다.

8.5.5. 사탄과 그 무리들의 처음 상태로 회복의 문제

오리게네스 (Origenes)는 마지막 날에 사탄과 그 무리들이 회복되어 처음 시작과 같이 된다는 논리를 전개한다.

8.5.5.1. 시작과 마침은 같다는 것

오리게네스는 가르치기를 처음 상태는 죽음이 없었다고 제시한다. 또 마지막 마침도 그리스도에 의해서 죽음이 정복되므로 처음 상태와 같다고 논증한다. 마지막 때는 원수들이 다 그리스도에게 복종하고, 특별히 마지막 원수인 죽음도 그리스도에게 복종하여 완전히 정복되기 때문에 만물의 처음과 완성은 같다고 주장한다 (de Principiis, I. 6, 1. 2).

8.5.5.2. 인류의 회복

오리게네스는 마지막에 모든 인류가 원상으로 회복될 것을 강조한다. 소위 우리의 개념으로 말하면 유기된 자들도 다 정해진 건전한 원리와 훈련으로 자기들을 다시 조성하여 돌이킬 수 있다고 하였다. 그리고 그리스도의 기도대로 믿음의 통일에서 온전한 사람을 이룬다고 하였으니 완전히 회복될 것이라고 가르친다 (de Principiis I, 6, 2).

오리게네스는 이 방식으로 모든 인류가 원상으로 회복될 것을 주장하고 있다.

8.5.5.3. 사탄과 그 무리들이 원상으로 회복됨의 문제

오리게네스는 사람보다 더 깊이 개선될 수 없게 탈락한 존재들이 있다고 하면서 타락한 천사들의 회복을 전개하고 있다.

그들이 아무리 깊이 떨어졌어도 자유의지를 가졌으므로 천사들이 힘든 훈련을 받아 점점 더 진보하여 마침내 비가시적인 영원한 상태에 이를 것이라고 주장한다 (de Principiis, I, 6, 3).

제6절 새 땅이 새 인류의 거소

8.6.0.1. 그리스도의 피로 깨끗하게 된 새 땅

하나님은 그리스도의 피로 구속받은 새 인류의 거소로 새롭게 된 땅을 배정하셨다 (계 21:2).

하나님은 많은 범죄와 폭력으로 얼룩지고 더러워진 땅을 그리스도의 피와 부활의 권세로 깨끗하게 하신다. 그리하여 구속받은 백성들이 살기에 합당한 곳으로 만드신다. 새 땅에는 모든 죄악의 근원이 될 수 있는 것이 다 소제되었다. 새 땅에서는 범죄하여 넘어질 일이 전혀 없다.

구속주 하나님이 창조를 회복하신 영화로운 일을 인하여 새 백성이 감사와 찬송과 경배를 영원히 계속한다.

새롭게 된 땅을 새 인류의 거소로 지정하신 특별섭리가 있다.

8.6.1. 첫 창조에서 하나님은 언약백성이 사는 땅에 오셨다

첫 창조에서 하나님은 언약백성과 함께 사시기 위해 땅 곧 낙원에 오셨다 (창 6:3).

8.6.1.1. 하나님이 에덴동산에 오심

하나님은 아담과 하와를 에덴동산에 살도록 정하셨다 (창 2:8-15). 그들은 하나님의 언약백성이기 때문이다 (창 2:17).

창조주가 백성과 언약을 맺기 위해서 땅으로 오셨다. 언약을 체결하신 후 (창 2:17) 언약백성과 함께 거하셨다. 영으로 언약백성과 함께 하시고 그들 안에 거주하셨다 (창 6:3).

8.6.1.2. 범죄한 백성에게로 다시 오심

그 후 언약백성이 범죄하여 백성 되기를 거부하므로 하나님이 그들에게서 철수하셨다 (창 3:24; 6:3). 범죄 때문에 하나님의 임재를 인류에게서 철수하셨지만 영원히 그렇게 하신 것이 아니다. 다시 그들을 돌이켜 그들과 함께 거하시려고 구원 역사를 펴셨다.

8.6.2. 하나님이 사람이 되어 오셔서 피 흘리심으로 범죄한 백성을 회복한 곳이 이 땅이다

언약백성이 반역하였지만 하나님은 처음 자기의 경륜을 이루기로 하셨다. 하나님이 피 흘리심으로 사람의 죗값을 갚으시고 (갈 4:4-6; 롬 3:23-26; 요일 3:5; 계 1:5-6; 5:9) 흘린 피로 모든 인류 중에서 자기 백성을 다시 모으신다.

이 모든 일을 땅에서 이루셨다.

8.6.2.1. 성령이 구속된 백성과 함께 영구히 거주하심

하나님이 새 인류와 함께 땅 위에서 영원히 사실 것임을 보이기 위해서 성령을 구속받은 백성들에게 보내셨다 (갈 4:6; 롬 8:15; 엡 1:13-14; 4:30). 그리하여 성령이 구속받은 백성과 영구히 함께 사신다 (요 14:16). 성령이 구속받은 백성과 함께 사시는 것은 삼위 하나님이 구속받은 백성과 함께 영원히 사실 것을 미리 보이신 것이다.

8.6.3. 구속 완성 시 하나님이 새 인류와 함께 사실 것임

하나님 자신의 피로 구속받은 백성들이 땅 위에 산다. 그리고 구속받은 백성들의 회복이 완료되면 삼위 하나님이 친히 새 백성에게 오셔서 영원히 그들과 함께 사실 것이다 (계 21:3-4, 10-24).

마지막 날 모든 구속이 완성되어 온 백성이 다 하나님의 백성으로 설 때 하나님이 친히 사람들에게 오셔서 그들과 함께 영원히 사실 것이다 (계 21:1-7, 22-27; 22:1-5).

새 인류는 땅 위에 산다. 하나님이 땅에 사는 새 인류에게 오셔서 영원히 찬양과 경배를 받으시므로 기뻐하실 것이다.

지금 하나님이 하늘의 보좌에 계시는데 그때는 하늘의 보좌와 땅 위의 거주가 합치된다. 하나님께는 공간적인 제약이 없기 때문이다.

8.6.4. 땅을 우주의 가운데에 두신 뜻

8.6.4.1. 땅을 우주의 가운데 설치

하나님은 우주를 창조하실 때 땅을 우주의 중심점에 두셨다. 그것은 하나님이 땅 위에서 하나님의 백성과 함께 영원히 사실 곳으로 정하셨음을 밝히 보인 것이다.

하나님이 영원히 인류와 함께 거주하기 위해서 인류가 살 땅을 우주의 중심에 두도록 우주의 구조를 정하셨다. 모든 별들이 다 자기 자리에 서서 태양계와 지구를 보호하고 지탱하도록 하셨다. 그리하여 그의 백성이 살 땅에 빛과 열을 보내어 합당한 삶을 살도록 하나님은 우주를 설계하셨다.

땅을 우주의 가운데 설치하셔서 인류로 온 우주를 탐구할 수 있게 하셨다. 그 탐구로 창조주 하나님을 찬양하게 하셨다.

8.6.4.2. 구속받은 백성이 하나님의 창조를 탐구하여 찬양함

창조주는 광대무변한 우주를 창조하셔서 새 인류로 하늘의 비밀들과 창조주의 도안을 찾아내는 것을 영원히 계속하도록 하셨다. 그리하여 창조주의 지혜와 권능을 영원히 찬송하도록 하셨다.

제7절 믿지 않는 자들은 영원한 형벌의 고통으로 삶

8.7.1. 첫 반역죄와 복음을 끝까지 거절하였으므로 죽음과 영원한 형벌이 마땅함

악인들과 믿지 않는 자들은 하나님께 큰 반역을 행한 자들이다. 처음 반역 때 그들은 다 그 반역에 동참하였다. 따라서 그들은 영원히 죽을 자들로 널리 선포되었다. 처음 반역으로 죽음이 인류세계에 변할 수 없는 법칙 (法則)으로 세워졌다 (창 2:17; 3:17-19). 따라서 모든 사람들은 다 죽음으로 작정되었다. 모든 인류가 다 죽음으로 쓸려가므로 살아남을 사람은 아무도 없게 되었다. 사람들이 반역죄를 지었으므로 하나님은 범죄한 백성들을 다 쓸어버리시는 것이 합당하다.

그러나 하나님은 큰 사랑과 불쌍히 여기심으로 범죄자들을 다시 백성으로 돌이키기로 하셨다 (창 3:15). 하나님 자신이 구속주로 오셔서 처음 반역죄와 다른 모든 죄를 제거하고 용서하기로 하셨다 (요 1:29, 36; 3:16; 갈 4:4-6). 하나님 자신이 인류의 죗값을 친히 갚으셨다.

그런데도 사람들은 하나님의 사랑을 끝까지 거부하였다. 따라서 영원한 형벌이 합당하다.

8.7.2. 믿지 않는 사람들은 영원한 불의 형벌을 받음

악인들과 믿지 않는 자들은 그 죄에 합당하게 영원한 형벌을 받아 산다. 극심한 육체적, 정신적, 영적 고통으로 산다. 불과 유황불에 참여하여 영원한 고통을 당한다 (계 21:8).

영적 몸으로 부활하였으므로 몸의 감각과 기억을 다 갖고 있다. 또 영혼의 기능이 정상적으로 이루어지므로 모든 조직들이 고통을 당한다. 고통을 당하되 끊임없이 당한다 (계 20:10).

땅 위에서 살면서 지은 죄들로 이런 영원한 고통을 당하는 것이 합당하느냐고 반대물음을 내세운다. 그러나 악인들과 믿지 않는 자들은 두 번이나 하나님을 반역하였다. 그들은 아담의 반역에 동참하였고 또 하나님의 구원사역을 전적으로 무시하였다.

8.7.3. 영원한 형벌에서는 아무런 소망이 없다

불못과 유황불에 던져진 사람들은 새로운 소망을 가질 수 없다. 그들의 영원한 형벌이 확정되었기 때문이다. 자기들의 행함으로 사람들이 자기들의 앞날을 합당하게 정하였다 (계 20:13-15).

그러므로 불못에서 나오거나 그 형벌이 가벼워지는 것을 바랄 수 없다. 영원은 영원한 형벌로 이어질 뿐이다. 믿지 않은 자들은 마귀와 함께 불못에 던져졌으므로 세세토록 괴로움을 당한다.

반면 하나님의 보좌 앞에 있는 인류에게는 영생과 영광과 기쁨과 찬양이 넘쳐난다.

제8절 사탄과 그 무리들은 영원한 고통을 당함

사탄 (Satan)과 그의 무리는 인류를 망쳤으므로 형벌을 받아 영원한 고통을 당하도록 정해졌다 (계 19:20; 20:10). 사탄은 거짓의 아비로 인류를 멸망시켰다 (요 8:44). 하나님의 말씀에 완전히 어긋나게 거짓으로 인류를 속여 반역에 이르게 하였다 (창 3:4-6).

이로써 사탄은 하나님의 창조경륜을 낭패하게 하였다 (창 3:15-19). 이런 사탄과 그의 무리들은 그 죗값대로 무한한 고통의 형벌을 받는 것이 마땅하다. 그들의 형벌이 줄어들거나 약해지는 것이 아니다 (계 21:8).

사탄과 악령들은 반역을 결행할 때부터 그들의 장래가 정해졌다 (계 19:20; 20:10). 인류의 부활과 심판 후에 그들은 영원한 형벌을 당하게 정해졌다 (계 21:8). 모든 범죄의 장본인이므로 사탄은 지옥에서 영원히 고통 받는다.

하나님의 영광과 엄위를 짓밟은 자들에게 영원한 형벌만 있을 뿐이다.

제9장

천년기론의 문제

Consummatio Consilii Creationis
Consummatio Consilii Creationis
Consummatio Consilii Creationis

    초대교회는 열렬하게 주의 재림을 기다렸다 (살전 5:2-8; 살후 2:1-8). 그러다가 주의 재림이 더디다고 인정되자 천년왕국 사상이 전개되었다.

    천년왕국 사상의 핵심은 다음과 같다. 그리스도께서 재림하시면 죽은 자들 가운데서 믿는 자들이 일어나고 천년 기간 동안 그리스도께서 인격적인 통치를 하신다. 불신자들과 악인들이 본래대로 살아 있지만 그리스도의 통치로 악이 극도로 제한되므로 평화의 시대가 1,000년간 지속한다. 그 기간에 유대인들이 그리스도의 통치를 보고 그를 자기들의 메시아로 알고 대대적으로 그에게로 돌아온다. 이방인들 중에서도 그리스도의 통치를 보고 그에게로 많이 돌아오게 된다.

    또 메시아 왕국은 유대인을 위한 왕국이므로 그들이 세계를 다스리는 일을 한다. 그리스도인들은 2등 시민으로 있지만 유대인들의 통치에 동참하게 된다.

    예루살렘에 성전이 세워지고 구약의 제사제도와 경절들이 복귀된다. 그리하여 짐승으로 드린 피 제사가 회복되어 성전에 피 제사가 계속 진행된다.

    그리고 땅이 넘치는 생산을 하여 밀과 포도와 과일들이 넘치게 되어 굶주림이 다 없어져서 사람들의 수명이 대폭 연장된다. 이 풍요의 시대에 불신자들과 악인들은 결혼하여 많은 자녀들을 생산한다. 어떤 주장에는 그리스도인들도 부활하였지만 자녀를 생산한다고 한다.

이런 1,000년 평화의 지복의 시대 후에 악인들이 그리스도를 대적하여 일어나므로 천년왕국이 끝나고 그리스도가 마지막 심판을 한다.

9.0.1. 천년기론이 교회에 일어남

2세기 중엽부터 천년기론이 교회에 힘 있게 일어났다. 변증가들과 에레나이오스 (Eirenaios, Irenaeus, +202) 등이 천년기론을 잘 대변하였다. 이때 일어난 천년기론이 역사적 천년기론으로 알려져 있다.

9.0.2. 천년기론 배척과 공교회의 종말 도식 확정

처음부터 서방교회는 천년이 6번이나 나오는 요한계시록을 정경으로 받으려고 하지 않았다. 이단들이 자기의 배를 채우는 것을 목표하고 계시록을 기록하였다고 여겼기 때문이다.

3세기 중엽부터 교회에서 천년기론 배척이 대대적으로 일어났다. 오리게네스 (Origenes, 185-254)는 먹고 포도주를 마시는 것을 지혜와 지식을 누림으로 이해하여 천년기론을 배척하였다.

아우구스티누스 (Augustinus, 354-430)는 천년기론을 교회에서 배척하는 데 결정적인 역할을 하였다. "하나님의 나라는 먹는 것과 마시는 것이 아니요 오직 성령 안에서 의와 평강과 희락이라"(롬 14:17)는 말씀에 근거해서 천년기론을 교회에서 완전히 배척하였다.

그리하여 공교회의 종말 도식은 천년왕국이 아니게 되었다. 주의 한 번의 재림과 보편부활이 이루어지고 부활 후에 심판으로 영생을 얻을 자들과 영벌을 받을 자들로 나뉘어져 영원한 세계가 전개됨이 바른 종말 도식이 되었다.

9.0.3. 천년왕국 사상이 분파들에게 남음

천년왕국 사상은 교회의 공식적인 배척에도 불구하고 완전히 사라지지 않았다. 소수 분파들에게 천년왕국 대망이 남아 있었다. 중세에도 이 사상이 남아 있다가 종교개혁 때 천년왕국 사상이 강하게 일어났다. 그 중 재세례파는 뮌스터(Münster)에 얀 보켈손(Jan Bockelson)을 왕으로 세우고 천년왕국을 건설하였다. 뮌스터의 주교는 군대를 동원하여 재세례파를 완전히 박멸하므로 지상 천년왕국 사상이 영적으로 바뀌었다.

종교개혁자들은 다 천년왕국 사상을 배척하고 공교회의 종말 도식을 채택하였다. 루터(Martin Luther)는 천년왕국이 유대주의자들의 꿈이라고 단정하였다. 칼빈(John Calvin)도 하나님의 영광을 소홀히 하고 개인 영혼들의 구원을 위해서 천년왕국을 주창하는 것은 성립할 수 없다고 하였다. 종교개혁 후에도 천년왕국 사상은 교회에서 사라지지 않고 계속되었다.

종교개혁으로 복음이 회복되고 선교로 복음이 확장되며 로마교회의 세력이 약화되고 사회가 진보하므로 18, 19세기에는 영적 천년왕국 사상이 살아났다.

그리스도가 하늘에서 다스리시므로 그 효과가 땅 위에 나타난다는 사상이 발달하였다. 이 사상은 천년후기론 (Postmillennialismus)으로 일컬어졌다. 이 천년후기론은 미국에서 사회적 정서가 되었다.

그러나 19, 20세기에는 천년전기론 (Praemillennialismus)이 다시 성하게 되었다. 딸비 (J. N. Darby)에 의해 새로운 성경해석법이 개발되므로 천년기론은 세대론적 천년기론 (Dispensationalism)이 되어 복음주의 세계에 널리 퍼졌다.

우리는 공교회의 종말 도식으로 종말론 제시를 마감하였다. 그러나 일부 복음주의 교회에서 천년왕국 사상이 활발히 토론되고 있으므로 천년기론을 살펴보는 것이 필요하다.

제1절 계시록의 천년의 문제

계시록은 상징적인 언어와 숫자로 기록되었다. 쉬운 산문으로 기록된 부분도 많은 것이 사실이다. 그러나 상징적인 문자와 숫자로 기록된 계시록의 상당부분을 글자대로 받거나 문자적인 의미로 받을 수 없다.

9.1.1. 상징적인 언어들을 성경이 스스로 해석

계시록 자체가 상징적인 언어를 글자대로 이해하지 않도록 해석한다.

9.1.1.1. 일곱 촛대: 일곱 별

계 1 장에 "일곱 금 촛대를 보았는데" (계 1:12-13)가 나오고 그 다음 절에 "그 오른손에 일곱 별이 있고 그 입에서 좌우에 날선 검이 나오고" (계 1:16)라고 기록되어 있다.

계시록이 스스로 이 말들을 해석한다. "일곱 별의 비밀과 일곱 금 촛대라 일곱 별은 일곱 교회의 사자요 일곱 촛대는 일곱 교회니라" (계 1:20). 이렇게 본문의 본뜻을 해석하여 오해가 없도록 하였다.

9.1.1.2. 일곱 등불

계 4:5에 "일곱 등불 켠 것이 있으니 이는 하나님의 일곱 영이라"고 기록되어 있다.

하나님의 보좌 앞에 있는 일곱 등불을 하나님의 일곱 영이라고 해석하였다. 일곱 영은 영의 완전함을 표현한다.

9.1.1.3. 일곱 눈

계 5:6에 "어린양이 섰는데…일곱 뿔과 일곱 눈이 있으니 이 눈은 온 땅에 보내심을 입은 하나님의 일곱 영이라"고 기록되어 있다.

계시록 자체가 일곱 눈을 하나님의 일곱 영이라고 해석하였다. 본문이 해석하지 않는 뿔은 그리스도의 능력과 주권을 표시한다. 일곱은 완전한 수를 나타내므로 일곱 뿔은 그리스도가 만유를 다스리심을 표시한다.

9.1.1.4. 큰 성

계 11:8에 "저희 시체가 큰 성 길에 있으리니 그 성은 영적으로 하면 소돔이라고도 하고 애굽이라고도 하니"라고 기록되어 있다.

여기 성을 소돔 혹은 애굽이라고 해석하였다. 이 해석도 상징적이다. 성을 소돔 혹은 애굽이라고 하고 나머지는 해석하지 않았다. 여기 큰 성은 적그리스도 세력의 중심지를 표시하고 큰 성의 길에 놓여있는 시체는 교회와 복음의 도가 완전히 황폐된 것을 뜻한다. 소돔이라고 한 것은 그 도시의 도덕적 부패를 표현하고 애굽이라고 한 것은 주의 백성을 압제하고 핍박하는 곳을 뜻하였다.

9.1.1.5. 성전

계 11:1-2에 "일어나서 성전과 제단과 그 안에서 경배하는 자들을 척량하되 성전 밖 마당은 척량하지 말고…거룩한 성을 마흔두 달 동안 짓밟으리라"고 기록되어 있다.

여기서 성전은 돌로 지어진 예루살렘 성전을 말하지 않는다. 성전은 신약시대 전체 동안 주의 교회와 직분자들을 말한다.

9.1.1.6. 붉은 용, 옛 뱀

계 12:3-4, 7, 9, 13에 "한 큰 붉은 용, 용, 용으로, 큰 용이 내어 쫓기니 옛 뱀 곧 마귀라고도 하고 사단이라고도 하는 온 천하를 꾀는 자라"고 기록되어 있다.

용을 동물인 용으로 또 뱀으로 이해하지 않도록 하기 위해서 옛 뱀 곧 마귀라고도 하고 사탄이라고 밝히 해석하였다. 계 20장에서도 용을 동일하게 옛 뱀이요 마귀요 사탄이라고 밝힌다.

9.1.1.7. 음녀

계 17:1에 "물 위에 앉은 큰 음녀의 받을 심판을 네게 보이리라"고 했고 계 17:18에 "또 네가 본 바 여자는 임금들을 다스리는 큰 성이라 하더라"고 기록되어 있다.

음녀를 설명하여 땅의 임금들을 다스리는 큰 성이라고 하여 로마교회 혹은 세계단일정부를 뜻한다.

9.1.1.8. 어린양의 아내

계 19:7-9에 "어린양의 혼인 기약이 이르렀고 그 아내가 예비하였으니…성도들의 옳은 행실이로다"라고 기록되어 있다.

이 본문에서 어린양의 아내는 성도들임을 밝히고 있다. 어린양의 혼인잔치는 성도들이 그리스도와 가장 친숙하게 연합한 것을 표현하고 있다.

9.1.1.9. 세마포

계 19:8에 "이 세마포는 성도들의 옳은 행실이로다"라고 기록되어 있다.

세마포 흰옷은 사람이 입는 흰 옷이 아니라 성도들의 옳은 행실이라고 해석하고 있다.

계시록이 스스로 해석하지 않은 많은 본문들도 상징적으로 쓰였음을 이해하고 해석해야 한다. 계시록은 서사적 문장들도 있지만 많은 부분이 상징적 의미로 이해하도록 쓰였다.

하나님의 구속경륜을 적성 (敵性) 세계에서 제시할 때 상징적인 용어들을 쓸 수밖에 없었다. 사실대로 표현하는 언어로 계시가 기록되어서는 당장 그 책이 몰수되고 폐기될 것이며 핍박이 너무도 커서 교회가 존립할 수 없게 될 것이기 때문이었다.

9.1.2. 상징적 숫자

숫자도 상징적으로 쓰였다. 계시록에 나오는 숫자들은 글자대로 받을 수 없다. 복음에 반대하는 정치세력을 표현하고 구약백성들을 다 아우르기 위하여 상징적인 숫자를 사용하였다.

9.1.2.1. 10일 동안

계 2:10에 "너희가 10일 동안 환난을 받으리라"고 기록하고 있다.
10일 동안은 환난 당하는 날들이 상당히 계속될 것을 말한다. 그러나 무한정 계속되는 것이 아니고 일정한 기간만 있을 것을 말한다.

9.1.2.2. 일곱 영

계 3:1; 4:5; 5:6에 "일곱 영이라"고 기록되어 있다.

일곱 영은 하나님의 영이 일곱이란 뜻이 아니고 하나님의 영의 완전을 표현한다. 성령의 사역과 은사들의 완전함을 표현한다.

9.1.2.3. 24 장로

계 4:4, 10; 5:8에 "24 장로들이"라고 기록되어 있다.

여기 24 장로는 글자대로 24 장로가 아니고 이스라엘의 12 지파와 주 예수의 12 제자들로 표현된 전체교회의 대표를 나타낸다.

9.1.2.4. 일곱 인

계 6-7장에 "일곱 인"이라고 기록되어 있다.

이것도 인장이 일곱이라는 뜻이 아니고 하나님의 역사경륜의 전부를 말한다.

9.1.2.5. 144,000

계 7:4에 "인 맞은 자의 수가 십사만 사천이니"라고 기록되어 있고, 계 14:1, 3에는 "십사만 사천이 섰는데"라고 기록되어 있다.

이것도 글자대로 인 맞은 구약백성의 수가 144,000이라는 뜻이 아니다. 이 수는 구약교회의 대표 수 12와 신약교회의 대표 수인 12

를 곱하고 거기에 충만한 숫자를 뜻하는 1,000을 곱한 것이다. 이것은 신구약교회에서 구원 얻은 자들의 총수를 말한 것이다.

계 7:9에 기록된 "각 나라와 족속과 백성과 방언에서 아무라도 능히 셀 수 없는 큰 무리가 흰 옷을 입고"라는 말씀 때문에 144,000은 구약교회의 구원받은 수를 말한다고 여긴다. 또 헤아릴 수 없이 많은 백성들은 이방 백성들 중에서 구원 얻은 사람들로 여긴다. 이것은 합당한 해석이 결코 아니다. 이스라엘에서 구원 얻은 사람들의 수가 144,000 밖에 안 된다는 것은 합당한 계산이 아니다.

9.1.2.6. 일곱 천사: 일곱 나팔

계 8:1-9:13에 일곱 천사와 일곱 나팔이 나온다.

이것도 글자대로 일곱 천사가 일곱 나팔을 분다는 뜻이 아니라 하나님의 역사 집행 작정을 확실하고 완전하게 집행하심을 표하고 있다.

9.1.2.7. 2만만의 마병

계 9:16에 "마병대의 수가 이만만이니"라고 기록되어 있다.

이 숫자도 전쟁에서 2억의 군대가 맞붙는다는 뜻이 아니라 전쟁에서 보병보다 마병대가 더 큰 전쟁결과들을 낸다. 그러므로 그 전쟁에서 헤아릴 수 없이 많은 병기를 가진 군대가 동원될 것을 말한다.

9.1.2.8. 42달: 1,260일

계 11:2-3; 12:6; 13:5에 마흔두 달 동안과 일천이백육십일이 나온다.

이것도 글자대로 42달과 1,260일을 뜻하는 것이 아니라 주의 승천부터 재림 시까지의 신약시대의 기간을 뜻한다.

이방인들이 주의 교회를 핍박하고 박해하는 것을 표현하고 있다. 지리적으로 예루살렘 성전을 말하지 않고 주의 교회와 믿는 자들을 예루살렘으로 표현하고 있다.

9.1.2.9. 한 때와 두 때와 반 때

계 12:14에 "한 때와 두 때와 반 때를 양육 받으매"라고 기록되어 있다.

여기 한 때, 두 때, 반 때는 1년, 2년, 반년을 뜻한다. 이것은 달수로는 42달이고 날로는 1,260일이다. 이것도 주의 승천부터 재림하여 심판할 때까지의 기간을 지시한다.

9.1.2.10. 666

계 13:18에 "그 수는 사람의 수니 육백 육십육이니라"고 기록되어 있다.

이 수는 적그리스도를 지시하는 수이지만 글자대로 666을 적용할 것이 아니다. 크레이다누스(S. Greijdanus)의 해설대로 수 666의 마지막 6은 창조의 6일을 지시하고 60은 창조의 과정의 진행을 지시하고 600은 역사가 끝에 도달한 것을 지시한다. 이로써 666이 뜻하는 것은 역사의 끝에 나타날 악의 화신 곧 적그리스도를 지시한다.

9.1.2.11. 일곱 재앙, 일곱 대접

계 15:6에 일곱 재앙, 계 16:1에 일곱 대접이 나온다.

이것도 숫자적으로 일곱 재앙을 말하고 일곱 재앙을 담은 일곱 대접을 말하는 것이 아니다. 하나님이 범죄하여 멸망에 이를 자들을 역사의 기간에서 마지막 심판 때까지 내릴 온전한 수의 재앙을 말한다.

9.1.2.12. 1,000년

계 20:2-7에 천년이 6번 나온다.

이 1,000년을 글자대로 이해하여 천년왕국의 근거로 삼아왔다. 그러나 공교회와 종교개혁자들의 이해에 의하면 1,000년은 주의 초림부터 재림까지의 완전한 교회의 기간을 지시한다.

제2절 교부들과 종교개혁자들의 천년왕국 이해

381AD 콘스탄티노폴리스 공회의가 2조 끝에 "그의 나라는 끝이 없다"(cuius regni non erit finis)고 확정하므로 교회가 천년왕국을 교회의 교리로 받지 않는다는 것을 확고하게 하였다.

9.2.1. 오리게네스 (Origenes)의 가르침

오리게네스는 천년왕국을 전적으로 부정하고 배척하였다.

9.2.1.1. 부활한 몸은 신령한 몸: 육적 욕망이 없어짐

오리게네스가 천년왕국이 성립할 수 없는 근거를 부활한 몸에 두었다. 부활한 몸은 영적 몸으로서 부패와 죽음을 벗어던진 신령한 몸이 된다. 동물적인 몸에서 신령한 몸이 된다. 부활한 몸은 신령한 몸이어서 육적 욕망이 없어진다. 하나님의 명령으로 몸이 신령한 몸으로 회복되어 하늘에 거주하게 된다 (de Principiis, II, XI, 1).

천년왕국에서는 모든 것이 육체적인 욕망 충족에 집중되어 있다. 천년왕국 주창자들은 미래 세계에 대한 약속들을 육체적 욕망과 쾌락에서 찾는다. 신령한 몸으로 부활했는데도 먹고 마시고 결혼하여 자녀들을 낳는다. 그뿐만 아니라 지상 예루살렘이 다시 세워질 것인데 그 기초가 보석들로 세워지고 벽은 벽옥과 수정과 온갖 보석들로 만들어진다.

그리고 다른 나라들의 토착민들은 부활한 성도들의 쾌락에 봉사하는 종들로 보내어진다. 이방인들은 밭을 갈고 성벽들을 세우므로 무너진 성이 다시 일으켜진다. 또한 열방들의 부를 받아서 그것들로 산다. 미디안과 게달의 낙타들이 향료와 금과 보석들을 가져온다. 이런 것들이 다 구약선지자들에 의해 약속되었다는 것이다 (de Principiis, II, XI, 2).

9.2.1.2. 포도주, 다섯 고을: 진리와 지혜의 음식

천년왕국 주창자들은 신약에서도 인용하여 천년왕국론을 정당한 것으로 주장한다. 곧 구주가 예루살렘에서 포도주를 다시 마실 것을 말씀하셨고 지금 목마르고 굶주린 자들에게 배부름을 약속했다는 것이다. 또 지상에서 존귀와 지위에 따라 왕과 왕자들이 될 것이라는 것이다. 가령 다섯 고을을 차지한다고 약속했기 때문이라는 것이다.

그러나 오리게네스는 성경의 표상을 사도들의 이해를 따랐다. 성도들이 먹을 생명의 떡은 영혼을 기르는 생명의 떡이라고 해석하였다. 곧 포도주는 진리와 지혜의 음식을 표상하므로 하나님의 지혜의 잔에서 마시게 됨을 뜻하는 것으로 이해하였다. 사람이 처음 만들어졌을 때처럼 지혜와 명철의 음식에 의하여 하나님의 형상으로 회복될 것을 말하고 있다. 그러면 지상에서 조금 적게 가르침을 받았어도 성도들의 도성에서 교육받아 완전해질 것이라고 가르친다.

우리의 지성은 하나님의 진리와 사물들의 원인들을 알게 되기를 바란다. 그래서 진리의 탐구와 사랑에 집중하게 될 것이다. 현재의 삶에서 진리와 지식의 개요를 가진 자들은 미래에서는 완전한 형상의 아름다움이 더해질 것이다 (de Principiis, II, XI, 3. 4). 곧 포도주를 마시고 다섯 고을을 다스림을 진리와 지식의 완전에 도달하는 것으로 이해하였다.

9.2.1.3. 나라들의 나뉨, 제사직, 경절들을 알게 됨

그뿐만 아니라 종말에서 민족들의 나뉨이 무엇인지, 이스라엘의

12지파가 무슨 뜻인지를 알게 되고 레위인들과 제사장들과 여러 제사장 반열로 나눈 것을 알게 될 것이다. 그리고 희년과 안식일과 축일들의 근본 뜻도 알게 된다 (de Principiis, II, XI, 5). 곧 구약제도들의 완전한 의미를 알게 될 것으로 해석하고 있다.

9.2.1.4. 영혼의 본성과 동물들을 알게 됨: 타락한 천사들도 알게 됨

또 영혼의 본성도 알게 되고 다양한 동물들도 알게 된다. 그리고 각 사물들에 감춰진 하나님의 지혜의 뜻을 알게 된다. 풀들의 특성들도 알게 될 것이다. 타락한 천사들의 본성도 알게 될 것이다 (de Principiis, II, XI, 5).

9.2.1.5. 모든 사물들과 천체들도 알게 됨

그뿐만 아니라 각 사물들에 내리시는 하나님의 섭리의 판단도 알게 될 것이다. 또 사물들이 어떻게 창조되고 배열되었는지도 탐구하게 될 것이다.

하늘들도 탐구할 것이다. 왜 천체들이 이렇게 되어졌는지를 배울 것이다. 그리고 하나님의 아들은 어디든지 계시며 만물을 통하여 신속하게 지나가셔서 땅 위에서 육체 안에 한정되셨을 때와 다름을 알게 될 것이다.

하나님의 아들은 만물들의 원인들과 자기의 창조의 능력을 자녀들에게 보이실 것이다. 그리고 어떤 별은 하늘의 그 자리에 왜 배정되었는지도 밝히실 것이다 (de Principiis, II, XI, 5. 6).

9.2.1.6. 하나님을 보는 경지에 이름

마침내 이런 경지를 다 지나면 하나님을 묵상하고 이해하는 데 이를 것이다. 그리고 순수한 마음으로 하나님을 보기 시작하고 그를 이해하기 시작할 것이다 (de Principiis, II, XI, 7).

오리게네스는 천년기론자들이 성경의 표상을 문자적으로만 이해한 것을 배척하고, 진리의 지식을 나타내는 것으로 해석하여 문자적 천년왕국이 불가함을 밝혔다.

9.2.1.7. 부활 후에는 결혼이 없음

부활 후에는 시집가고 장가가지 않고 천사들과 같이 된다고 주님이 말씀하셨으니 (마 22:30) 천년왕국 주창자들이 제시하는 일은 일어나지 않을 것이다.

주의 말씀대로 부활 후에 결혼이 없으면 천년기론자들이 주장하는 육체적 생활은 없을 것이 확실하다.

9.2.2. 콘스탄티노폴리스 신경 (Symbolum Constantinopolitanum)

콘스탄티노폴리스 공회의 (Concilium Constantinopolitanum, 381)는 삼위일체 교리를 최종적으로 공식화하여 2조에 "그리스도의 나라는 끝이 없다"고 추가하였다.

이 공회의는 그리스도의 나라가 천년에 국한하는 것이 아니고 영원히 계속됨을 교회의 교리로 확정하였다.

그의 나라는 끝이 없다.
οὑ της βασιλείας ουκ εσται τέλος.
cuius regni non erit finis.

그리스도의 나라는 천년에 결코 국한될 수 없다. 그의 나라는 영원한 나라이다. 그리스도는 교회기간에도 다스리시고 그 후에도 영원히 다스리신다. 그러므로 그의 나라는 끝이 없다.

이 콘스탄티노폴리스 공회의의 결정으로 천년왕국 사상은 더 이상 교회의 공식적인 종말 도식에 들지 못하게 되었다.

9.2.3. 아우구스티누스 (Augustinus)의 가르침

9.2.3.1. 천년은 주의 초림부터 재림까지의 교회기간

아우구스티누스는 자기도 처음에는 천년기론을 받아들였다고 하였다 (de Civitate Dei, XX, 7). 그러나 이 생각을 바꾸어 천년을 주의 초림부터 재림까지 교회의 기간으로 이해하였다 (de Civitate Dei, XX, 6, 7, 8, 9).

계 20장의 천년왕국 제시는 몸이 부활한 후의 일이 아니고 현세에서 주의 재림까지 그리스도의 교회에서 성도들이 그리스도와 함께 다스림이라고 단정하였다 (de Civitate Dei, XX, 9).

9.2.3.2. 첫 부활: 영혼의 중생

아우구스티누스는 첫 부활을 몸이 부활하는 것으로 보지 않고 영혼의 중생으로 보았다. 둘째 부활을 몸의 부활로 해석하였다 (de Civitate Dei, XX, 6). 영혼이 죄와 허물로 죽었다가 복음의 도로 살아난 것이 첫 번째 부활이다. "내 말을 듣고 나를 보내신 이를 믿는 자는 영생을 얻었고 심판에 이르지 아니하나니" (요 5:24). 첫 부활 곧 믿음을 가져 중생한 영혼은 심판을 받지 않는다. 믿을 때 죽음에서 생명으로 옮겼으니 첫 번째 부활을 한 것으로 (de Civitate Dei, XX, 6) 이해하였다.

이렇게 아우구스티누스는 첫 부활을 영혼의 중생으로 이해하였다.

9.2.3.3. 두 가지 중생: 영혼의 중생과 몸의 중생

따라서 아우구스티누스는 중생도 두 가지로 나누었다. 현세에서 믿음을 따라 영혼이 다시 살아나는 것이 첫 번째 중생이고, 다른 중생은 몸을 따라 살아나는 것으로 규정하였다. 첫 번째 중생한 사람은 마지막 심판 때 썩지 않음과 죽지 않음으로 살아난다. 두 번째 중생은 세상 끝에 일어날 것이고 몸이 중생하는 것이다 (de Civitate Dei, XX, 6).

9.2.3.4. 두 번째 죽음: 최후 심판 후의 죽음

믿지 않는 자들은 정죄에 이르는데 이것이 두 번째 죽음이다. 그들은 몸이 부활한 후에 최후 심판에 의해서 죽음으로 던져질 것이기 때문이다 (de Civitate Dei, XX, 6).

9.2.3.5. 첫 부활: 몸의 부활이 아님

계시록에서 사도 요한은 두 중생을 말하였는데 어떤 그리스도인들이 첫 번째 중생을 이해하지 못하여 우스꽝스런 환상 곧 천년왕국을 만들었다고 아우구스티누스는 단정한다. 천년이란 숫자의 힘에 의해서 그렇게 하였다는 것이다 (de Civitate Dei, II, 7). 첫 부활은 미래 육체적 부활이 아닌데도 육체 부활로 여겨서 다량의 고기와 마실 것으로 가득한 과도한 육적 잔치로 이해하였다. 이런 주장은 육적인 사람들만이 받아들인 것일 뿐이라고 하였다 (de Civitate Dei, XX, 7).

9.2.3.6. 강한 자 결박: 마귀를 묶음

아우구스티누스는 "사람이 먼저 강한 자를 결박지 않고는 그 강한 자의 집에 들어가 세간을 늑탈하지 못하리니 결박한 후에야 그 집을 늑탈하리라" (막 3:27)를 해석하여 천년기론의 오류를 풀어낸다.
여기서 강한 자는 마귀를 뜻한다. 그가 인류 종족을 포로로 잡는 힘을 가졌기 때문이다. 여기서 세간은 마귀에 의해서 온갖 죄악과 불의에 붙잡힌 자들을 뜻한다. 그런데 이들이 주 예수를 믿을 것이다. 이 강한 자를 잡는 것은 천사가 하늘에서 내려와 용, 옛 뱀 곧 사탄을 잡아서 천 년간 결박한 것으로 이해하였다. 곧 사탄의 힘을 재갈 먹이고 제재하여 해방된 자들을 더 이상 유혹하고 소유하지 못하게 하는 것으로 아우구스티누스는 이해하였다 (de Civitate Dei, XX, 7).

9.2.3.7. 천년: 온전한 교회시대

아우구스티누스는 천년은 10의 세제곱이므로 온전한 시기를 지시한다 (de Civitate Dei, XX, 7)고 가르쳤다.

9.2.3.8. 무저갱에 용을 던짐: 악한 무리들에게로 던져짐

계 20:3에 기록된 무저갱에 용을 던져 넣는 것에 대해 아우구스티누스는 좀 특이한 해석을 한다. 무저갱이 음부가 아니라 셀 수 없는 악한 무리들로 이해한다. 악한 무리들의 마음이 하나님의 교회에 대하여 측량할 수 없으리만큼 악함이 깊은 자들이다. 사탄이 전에는 이들 가운데 없었던 것이 아니고 믿는 자들을 해할 수 없게 되었으므로 악한 자들을 완전히 소유하게 된 것을 말한다 (de Civitate Dei, XX, 7).

9.2.3.9. 인봉: 마귀에게 속한 여부를 모르게 함

또 그 위에 인봉한 것은 누가 마귀의 파에 속하였는지, 누가 속하지 않았는지를 모르게 비밀로 정한 것으로 이해한다 (de Civitate Dei, XX, 7).

9.2.3.10. 만국을 미혹하지 못하게 함: 그리스도의 백성을 유혹하지 못하게 함

만국을 미혹하지 못하게 한 것은 그리스도에게 속한 민족을 유혹하지 못하게 하는 것이다. 전에는 마귀가 그런 민족을 유혹하여 압제하였다. 그러므로 마귀가 잡혀 무저갱에 갇힌 것은 민족들로부터 교회를 모으는 것을 미혹하지 못하게 하는 것이다. 천년이 차기까지 미혹하지 못하게 하는 것은, 세상 끝 날까지 모든 해(害)가 다 지나도록 미혹하지 못하게 하는 것을 말한다 (de Civitate Dei, XX, 7).

9.2.3.11. 성도들이 그리스도와 함께 다스림

사탄이 천년 동안 매여 있을 때 성도들은 그리스도와 함께 다스린다. 이 천년은 주의 초림부터 세상 끝까지를 말한다.

그동안 추수꾼들은 교회에서 잡초를 제거하는 일을 한다. 아우구스티누스는 천년 동안 성도들이 왕 노릇하는 천국을 지금의 교회와 일치시킨다.

교회가 그리스도의 왕국이다. 잡초들이 교회에서 자라되 성도들은 그리스도의 나라에서 그와 함께 다스린다. 그리스도의 나라에서 천년 동안 성도들이 다스리는 것이 첫 부활 곧 중생이라고 보았다 (de Civitate Dei, XX, 9).

9.2.3.12. 심판의 권세: 마지막 심판이 아님; 교회에서 다스림을 뜻함

계 20:4 "또 내가 보좌들을 보니 거기 앉은 자들이 있어 심판하는 권세를 받았더라"고 기록되어 있다.

여기 심판은 마지막 심판을 지시하는 것이 아니다. 왜냐하면 그 절의 다음 부분인 "또 내가 보니 예수의 증거와 하나님의 말씀을 인하여 목 베임을 받은 자의 영혼들과 또 짐승과 그의 우상에게 경배하지도 아니하고 이마와 손에 그의 표를 받지 아니한 자들이 살아서 그리스도로 더불어 천년 동안 왕 노릇하니"(계 20:4)가 증명한다.

목 베임을 받은 영혼들은 아직 몸과 합하여 회복되지 않았다. 곧 죽은 자들이 아직 부활하지 않았다. 이들도 교회에서 떠나 있는 것이 아니다. 이 교회가 그리스도의 왕국이다. 몸을 입지 않은 영혼들과 산 자들이 교회에서 그리스도와 함께 다스린다 (de Civitate Dei, XX, 9).

9.2.3.13. 짐승: 불의한 도성

아우구스티누스는 짐승을 불의한 도성 곧 믿지 않는 자들의 공동체, 하나님의 도성을 반대하는 자들로 이해한다. 또 믿지 않는 사람들 안에 있는 그의 거짓된 가장 (simulation)을 뜻하는 것으로 이해하였다 (de Civitate Dei, XX, 9).

9.2.3.14. 천년이 차기까지 살지 못함: 마지막 심판에서 죽음에 이름을 말함

그 나머지 죽은 자들은 천년이 차기까지 살지 못하더라는 것은 천년 기간 동안에 그들이 복음을 듣고 죽음에서 생명으로 들어가야 하는데 그렇지 못한 자들이다. 이들은 마지막 날 심판과 정죄로 살아날 것이다. 이것이 두 번째 죽음이다.

첫 부활이 진행되는 동안 생명에 이르지 못한 사람들은 두 번째 부활 곧 육체의 부활 때 몸으로 살아나서 두 번째 죽음으로 넘어갈 것이다. 이미 믿어서 첫 부활에 동참한 사람들 위에는 두 번째 죽음이 아무런 힘을 갖지 못할 것이다 (de Civitate Dei, XX, 9).

요컨대 천년은 그리스도의 초림부터 재림까지의 주 예수를 믿음으로 교회가 세워지고 진행되는 기간 전체를 말한다. 주의 재림 시 모든 신자들이 부활하여 천년왕국을 세우는 것은 성립할 수 없다고 단정하였다.

9.2.4. 토마스 아퀴나스의 가르침

토마스는 천년왕국 사상이 불가함을 제시한다.

9.2.4.1. 부활자들에게 음식과 성적 사용 불필요

토마스는 부활한 사람들에게는 성생활과 음식을 먹는 일이 필요하지 않다고 제시한다.

부활자들은 불멸이 되었으므로 음식을 먹는 일이 필요가 없다. 현세에서 음식을 먹는 것은 몸의 성장을 위해서 필요하지만 부활 후에는 사람들에게 그것이 필요하지 않다. 또 부활한 몸은 양적으로 증가하지 않으므로 음식을 먹을 필요가 없다.

부활한 사람은 항속적으로 산다. 그런데도 아직 음식을 먹어야 산다면 항상 사는 것이 아니고 일정한 시간만 사는 것을 말한다. 부활한 사람은 음식과 음식의 영양으로 만드는 성적인 씨와 성적 기관의 사용이 필요 없다.

부활 후에도 성적 기관의 사용으로 사람들을 생산하게 되면 무한한 수의 사람들이 생길 것이다. 이런 일은 불합리하고 불필요하다 (Summa Contra Gentiles, IV, caput 83).

9.2.4.2. 부활 후에도 사람들을 생산하면 그들은 다 썩게 됨

부활 후에도 성생활로 생산이 계속되면 생산된 사람들이 썩게 될 것이다. 또 부활 후에도 자녀들을 생산하면 그들은 원죄가 없이 출생하므로 그리스도의 구속과 상관없이 될 것이다. 이것이 부당한 것은 그리스도가 모든 사람의 머리가 되지 못하기 때문이다.

이처럼 천년왕국론자들의 주장은 무법하고 악한 것이라고 토마스는 단정한다 (Summa Contra Gentiles, IV, 83).

9.2.4.3. 부활자들의 삶: 완전지복 곧 하나님 직관

토마스에 의하면 부활자들에게는 완전한 지복 (至福)이 배당되어 있다. 사람의 지복은 육체적 즐김에 성립하는 것이 아니라 하나님을 직관하는 데 있다. 우리도 부활 후에는 천사들과 함께 신 직관 (visio Dei)에 동참한다.

어떤 그리스도인들은 이단들을 따라 그리스도의 왕국 (regnum Christi)이 미래에 천 년간 땅 위에서 진행되며 넘치는 음식을 즐긴다고 생각한다. 이런 주장은 부활한 그리스도가 음식을 먹은 것과 또 아담이 범죄 전에 불멸이었어도 음식을 먹었다는 것을 근거로 들었다.

그러나 그리스도가 음식을 먹은 것은 그의 부활을 증명하기 위해서이고 천년왕국의 실재를 증명하는 것이 아니었다. 또 아담은 본성에서 아직 완전하지 않았으므로 범죄하였다고 토마스는 설명한다.

부활자들의 완전은 전적으로 인간 본성이 완전함에 도달하는 것이다. 그러므로 부활 때는 음식을 먹을 필요가 없다고 단정하였다 (Contra Gentiles, IV, 83).

이상과 같이 토마스는 천년왕국과 먹고 마심의 불필요성을 증명한다.

9.2.4.4. 부활 후에 먹고 마심의 뜻: 진리를 받아들임

토마스는 부활 후에 먹고 마심은 진리를 묵상하고 진리를 우리의 지성으로 받아들인 것으로 이해해야 한다고 가르쳤다. 또 주님이 부활 후에 먹고 마셨다는 것은 천년왕국의 실재를 예시하는 것이 아니라 불멸의 나라가 증명되기 시작한 것으로 제시한다 (Contra Gentiles, IV, 83).

9.2.4.5. 교회가 하나님의 나라이고 천년은 교회시대 전체임

토마스는 아우구스티누스를 따라 첫 부활을 영혼의 중생으로 말한다. 계시록이 첫 부활을 말한 것은 영혼의 첫 부활 곧 죄에서 살아나는 것으로 이해한다.

천년에 관해서 토마스는 공회의의 결정과 같이 교회시대 전체로 이해한다. 이 교회시대에 순교자들과 다른 성도들이 그리스도와 함께 다스린다. 현 교회시대에서 다스림을 말한다. 교회가 그리스도의 나라이다. 천년을 말한 것은 수의 완전함을 나타내므로 10의 세제곱으로 표현하고 있다. 이 교회 기간 곧 사람이 사는 동안에는 먹고 마시며 성적 사용이 필요하다 (Contra Gentiles, IV, 83).

토마스는 이런 사항들이 결코 천년왕국에서의 일이 아님을 밝히고 있다.

9.2.4.6. 부활 후에는 하나님 묵상

토마스는 부활 후에는 사람들이 먹고 마시는 것이 아니라 더 새롭고 완전한 행복을 누린다는 것을 강조한다. 곧 그것은 하나님을 묵상하고 하나님에게 가까이 가는 것임을 밝히고 있다.

그러면 모든 일의 궁극적 목적은 감각적 쾌락이 아니라 하나님이다. 하나님을 묵상하므로 하나님에게 가까이 가는 것이다. 따라서 토마스는 의인들의 상급을 쾌락에 두는 유대인들과 사라센인들의 신화와 케린토스파의 오류도 배척한다. 하나님을 묵상하고 하나님께 이르는 행복이 의인들의 상급이라고 확정하였다 (Summa Contra Gentiles, III, 27).

요점은 부활 후에 육적 쾌락을 즐기는 천년왕국은 성립하지 않는다는 점이다.

9.2.5. 루터의 가르침

루터 (Martin Luther)는 하나님에게는 천년이 하루 같다는 것에 근거해서 천년왕국을 거부한다. 마지막 날 곧 부활의 날에 그리스도의 몸처럼 우리가 영체로 부활할 것이라고 가르쳤다. 영체이지만 동일한 몸이다. 마지막 날에 부활이 이루어지고 천년기간에 일어나지 않을 것이라고 루터는 단정한다.

9.2.5.1. 사탄이 놓여남은 교황이 적그리스도 됨에 있음

루터는 천년왕국의 끝과 사탄이 놓여남 (계 20:7-8)을 교황이 적그리스도가 됨에 있다고 가르쳤다.

루터는 교황의 세계 지배 추구와 괴물 그레고리우스 7세를 결합하여 이것을 적그리스도로 간주하였다. 이 일은 주후 천년 후부터 곧 시작한 것으로 보았다. 1,540년이 세상 연대의 수로 보면 5,500년인데 이 해에 세상 끝을 바랄 수 있다고 하였다.

제 6,000년이 온전하지 못할 것은 그리스도의 죽음의 세 날들이 온전하지 못한 것에서 찾았다. 그리스도가 제 3일 일찍 곧 셋째 날 가운데 부활하셨다.

마지막 날이 문 앞에 와 있다고 여기는 것으로 만족한다고 루터는 말하였다. 그리스도가 선포하고 베드로와 바울이 선포한 대로 그 표호들이 거의 다 발생했기 때문이라고 하였다 (Emanuel Hirsch, Hilfsbuch zum Studium der Dogmatik, 264-65).

9.2.5.2. 재림 후 하나님의 나라는 끝이 없음

루터는 말하기를 "우리는 주의 재림을 기다린다. 그가 올 때 우리는 그와 함께 부활할 것이다. 그가 오실 때가 마지막이다. 그러면 모든 성경이 말한 대로 세상적인 삶이 끝난다. 사탄과 그의 군대와 세상적인 통치가 끝이 나고 모든 영적 직분들도 끝이 난다. 하나님이 주가 되시고 우리는 그의 자녀들이 된다. 그의 나라가 시작되면 결코 끝이 없을 것이다. 왜냐하면 하나님 나라에서의 삶은 지상의 삶과 달리 정립되었으므로 결코 끝이 없기 때문이다"(Hilfsbuch, 265)라고 설명한다.

9.2.5.3. 나라를 아버지에게 바침은 믿음과 말씀으로 죄가 완전히 지워짐에 성립

루터는 나라를 아버지에게 바치는 것을 다음과 같이 설명한다. "그의 나라는 믿음의 나라이다. 그리스도가 이제 믿음 안에서 말씀으로 말미암아 다스리신다. 그러므로 그리스도와 하나님은 이미 다스리신 것이다. 이것이 그리스도와 하나님의 유일한 나라이다. 그렇지만 차이는 있다. 지금의 나라는 은밀하고 보이지 않으며 숨겨져 있고 덮여 있고 가려져 있다. 그래서 믿음과 말씀 안에서만 파악된다.

또 그리스도가 이미 다스리신다. 그리스도는 황제로서 다스리신다. 그러나 그것은 감춰진 나라이다. 그리스도의 나라는 말씀으로 진행한다. 그가 말씀하신 것은 말씀을 통해서 일어난다. 나는 지금 복음과 성찬과 세례만을 본다. 그런 나라는 이미 시작하였고 감추어져 있는 나라인데 이후에 있을 나라와 동일한 나라이다."

루터는 이 나라를 이렇게 설명한다. "지금 우리는 하나님의 자녀들이다. 그리고 우리에게 영원한 생명이 수여되어 있다. 죽음이 짓밟히고 죄가 제거되었으며 마귀가 붙잡혔다. 나는 아직 그것을 보지 못하지만 마귀가 나를 놀라게 하는 그 투쟁을 느낀다. 그래도 나는 이미 믿는다. 곧 죽음이 정복되었고 마귀가 졌다. 죄가 지워졌다"(Hilfsbuch, 265).

9.2.5.4. 나라를 아버지에게 양도함은 백성을 하나님 앞에 세움임

루터는 가르치기를 "그때는 공개된 나라가 될 것이어서 모든 것이 빛처럼 밝게 되는데 우리는 지금 이미 믿고 있다. 주머니가 벗겨져서 보화가 밝히 드러날 것이다. 그러면 바울이 말한 대로 (고전 13:12) 더 이상 예언이 없을 것이다. 바울은 이것을 나라를 아버지에게 바치는 것으로 이해하였다. 곧 믿음을 제치고 그의 백성들이 하나님 앞에 서고 그의 나라로 들어간다.

그의 백성들은 말씀과 믿음 없이 하나님과 그리스도를 그의 엄위에서 가장 밝게 볼 것이다. 곧 믿음의 나라가 그치고 영원히 밝은 나라가 시작하는 것을 말한다.

그리스도는 세상 나라를 멸하시고 그리스도의 나라도 그치게 하신다. 지금은 교회에 성례와 설교가 필요하고 일상 삶에서도 부모, 주인들, 종들, 농부와 귀족들이 있지만 그때는 모든 것을 다 폐하실 것이다. 그리하여 오직 하나님만이 계시게 된다"(Emanuel Hirsch, Hilfsbuch zum Studium der Dogmatik, 260-266; Weimar Ausgabe X/III 191ff; XXXVI 547f; VII 469; XXXVi 568ff에서 재인용)라고 했다.

루터는 주의 재림으로 천년왕국이 땅 위에 세워지는 것이 아니라 하나님을 직접 보는 삶을 살게 된다고 가르친다.

9.2.5.5. 멜랑톤은 천년기론이 유대주의의 오류라고 함

멜랑톤 (Melanchton)은 마지막 날 전에 교회가 세상 통치자가 되고 천년왕국 때 경건한 자들이 다스리며 무기로 불경한 자들을 말살하고 세상 나라들을 취할 것이라는 재세례파의 주장을 유대주의의 오류라고 단정하였다.

주의 재림의 날에 모든 죽은 자들이 부활하고 심판을 받는데 경건한 자들은 영생을 얻고 불경건한 자들은 영원한 형벌을 받을 것이다. 멜랑톤은 이것이 복음서에 밝히 드러나 있고 신약의 선포에 명백하게 밝혀져 있다고 제시한다 (Hilfsbuch, 266-267; Loci Communes tertia aetas 에서 재인용).

이것은 전통적인 공교회의 종말 도식을 반복한 것이다.

9.2.6. 칼빈의 가르침

9.2.6.1. 천년기론 자체를 거부하고 반대

칼빈 (Calvin)은 그리스도의 통치를 천년에 국한하는 것은, 장래 생명의 상속을 즐기는 것을 천년에 국한하는 것이어서 그리스도와 그의 나라에 욕을 던지는 것이라고 하여 천년왕국 자체를 반대하고 거부한다 (Institutio, III, 25, 5).

9.2.6.2. 계시록은 천년을 지지하지 않음

칼빈은 그리스도의 통치를 천년에 국한하는 천년왕국론자들의 허구는 너무 유치해서 논박할 가치도 없는 것이라고 단정한다. 계시록에서 천년기론의 주장을 끌어왔다고 하지만 계시록은 그들의 주장을 전혀 지지하지 않는다고 단언한다. 천년이란 수는 교회의 영원한 복락에 적용되는 것이 아니고 땅 위에 있는 동안 애쓰는 교회에 부닥칠 여러 소동들에만 적용될 뿐이라는 것이다. 반면 모든 성경이 선포하는 것은 택자들의 복락과 악인들의 형벌에는 전혀 끝이 없다는 것이라고 하였다 (마 25:41, 46) (Institutio, III, 25, 5).

9.2.6.3. 백성들이 천년간만 미래 생명을 누리는 것은 그리스도를 욕되게 함임

칼빈은 천년기론의 부당성을 다음과 같이 밝힌다. "하나님의 자녀들이 장래 생명의 상속을 즐기는 기간을 천년으로 배정하고 국한하는 자들은 그리스도와 그의 나라에 얼마나 큰 욕을 퍼붓고 있는지를 깨닫지 못하고 있는 것이다. 그리스도의 나라가 누리는 축복이 끝을 갖는다는 것은 그리스도의 왕국이 잠정적이라는 것을 뜻한다. 그런 자들은 신적인 것을 전혀 알지 못하고 하나님의 은혜와 그리스도의 능력을 무효화하려고 교활한 꾀를 내고 있을 뿐이다. 왜냐하면 그리스도의 능력의 성취는 죄가 제거되고 죽음이 삼켜지고 영생이 완전히 회복될 때에 이루어지기 때문이다" (Institutio, III, 25, 5).

9.2.6.4. 악인의 형벌이 영원하다는 것은 하나님의 잔혹함을 뜻함이라는 궤변: 하나님의 엄위를 훼손함

천년왕국론자들은 악인들에게 영원한 형벌을 배정하는 것은 하나님에게 과도한 잔혹함을 돌리는 것이라고 주장한다. 그들은 악인들의 죄는 잠정적이라고 말한다.

칼빈은 그들의 주장을 다음과 같이 반박하였다. "하나님의 엄위와 공의는 영원하다. 악인들이 범죄하므로 이 엄위를 능욕하였다. 그러므로 그들의 불의에 대한 기억은 소멸되지 않는다." 천년왕국론자들은 주장하기를 악인들이 받을 형벌은 범죄의 정도를 넘어간다는 것이다.

그러나 칼빈은 논박하여 이것은 신성모독이어서 용납할 수가 없다고 단언한다. 왜냐하면 하나님의 엄위를 너무 작게 평가하고, 그의 엄위를 멸시하는 것이 한 영혼을 잃음보다 적게 여기기 때문이다. 이것을 더 논의할 필요가 없는 것은 그런 농담하는 자들의 미친 짓을 논하는 것은 마치 그것이 논박할 만한 가치 있는 것으로 보이기 때문 (Institutio, III, 25, 5)이라고 하였다.

제3절 종교개혁 신경들의 가르침

9.3.1. 아우구스부르크 신앙고백서 (Confessio Augustana, 1530)

아우구스부르크 신앙고백서는 천년기론을 배척하고 재세례파의 주장도 반대한다. 곧 정죄 받은 사람들과 악마들에게 형벌의 끝이 있다고 하는 재세례파의 주장을 정죄한다.

또 유대주의 견해를 퍼트리는 자들도 정죄한다. 곧 죽은 자들의 부활 전에 경건한 자들이 세계의 왕국을 차지하고, 악인들은 어느 곳에서든지 압제를 받을 것이라고 주장하는 재세례파들을 정죄한다 (CA Art. XVII. De Christi Reditu ad Judicium).

9.3.2. 제 2 스위스 신앙고백서 (Confessio Helvetica Posterior, 1566)

제 2 스위스 신앙고백서는 천년기론에 대해서는 언급도 하지 않고 공교회의 종말 도식을 반복한다.

곧 하늘로부터 그가 친히 심판하러 돌아오실 때는 극단적인 죄의 오염이 땅에 있게 되고 적그리스도가 참 종교를 부패시키고 미신과 불경건으로 모든 것을 채울 것이다. 그리고 피와 불꽃으로 교회를 잔인하게 황폐하게 할 것이다.

그리스도가 돌아와 자기의 백성들과 연합하고 자기의 강림으로 적그리스도를 멸하시고 산 자들과 죽은 자들을 심판하실 것이다. 죽은 자들은 부활하고 그의 날에 살아남아 있던 자들도 순간에 변화될 것이다. 모든 믿는 자들은 그리스도와 함께 공중으로 들리어 가서 복된 보좌들로 들어가 끝없이 살 것이다.

믿지 않는 자들과 불경한 자들은 마귀들과 함께 지옥으로 내려가서 영구히 고통을 당하되 그 고통에서 해방되지 못한다 (Confessio Helvetica Posterior, XI. 13).

요약하면 한 번의 재림, 보편부활, 보편심판, 영생과 영벌이 있을 것이다.

9.3.3. 화란 신앙고백서 (Confessio Belgica, 1561)

화란 신앙고백서는 천년기론을 언급도 하지 않고 주의 재림으로 보편부활과 보편심판으로 영생과 영벌에 이름을 말한다. 따라서 천년왕국 사상은 교회의 합당한 신앙고백이 아님을 밝힌다 (Art. XXXVII).

9.3.4. 하이델베르크 요리문답 (Heidelberg Catechismus, 1563)

하이델베르크 요리문답도 천년기론은 전혀 알지 못하고 공교회의 종말 도식을 그대로 제시한다.

곧 "오직 마지막 날 산 자와 죽은 자를 심판하고 그의 원수들을 영원한 정죄로 던지고 모든 택한 자들을 하늘의 기쁨과 영광으로 데리고 가시기 위해서 오신다" (Frage 52)라고 제시하여 공교회의 종말 도식을 반복하고 있다.

9.3.5. 웨스트민스터 신앙고백서
(Confessio Fidei Westmonasteriensis, 1647)

웨스트민스터 신앙고백서도 천년기론은 전혀 언급하지도 않고 마지막 심판을 제시한다.

"하나님이 한 날을 지목하셔서 그날에 의로써 예수 그리스도로 말미암아 모든 세상을 심판하실 것이다.

반역한 천사들이 심판을 받을 뿐 아니라 땅 위에 살았던 모든 사람들이 그리스도의 심판석 앞에 나타나 그들의 생각과 말과 행함을 보고하고 선악 간에 그 몸으로 행했던 것에 따라 심판을 받을 것이다.

이날에 하나님은 택한 자들을 구원하심으로 나타낸 자비의 영광을 드러내시고, 버림받은 자들을 정죄함으로 공의의 영광을 드러내실 것이다.

의인들은 영생에 들어가 충만한 기쁨을 누리며 주의 얼굴에서 나오는 안식을 누릴 것이다.

악인들은 하나님을 무시하고 예수 그리스도의 복음을 순종하지 않았으므로 영원히 고문을 당하고 주의 얼굴로부터 영원한 멸망으로 벌을 받을 것이다" (XXXIII, De ultimo judicio).

9.3.6. 결론

계 20장의 천년은 교회의 전체기간을 지시한다. 목 베인 자와 모든 환란과 핍박을 이겨내고 믿는 자들이 부활하기 전에 주와 함께 다스림을 말할 뿐이다.

사탄이 1,000년간 결박됨은 그리스도의 피로 사탄이 무장해제되어 교회를 박멸하지 못하도록 활동이 대폭 억제된 것을 말한다.

제4절 유대 묵시문학의 천년왕국 사상

70AD에 예루살렘이 로마군대에 의해 멸망당하였다. 이 멸망의 사실을 동시대 유대인들에게 설명하기 위해서 외경 (外經,

apocrypha)과 위경 (僞經, pseudepigrapha)이 생겨났다.

위경들 중에서 4 에스라서 (4 Ezra)와 2 바룩서 (2 Baruch) 혹은 바룩의 묵시록 (apocalypsis Baruch)은 메시아의 천년왕국의 설립을 제시하였다. 두 책은 유대나라보다 더 악한 로마가 예루살렘을 멸망시킨 것을 해명하려고 하였다.

이 두 위경은 예루살렘이 망한 후에 저작되었다고 본다. 4 에스라는 그 본문을 보아서 70AD 후 100년경에 기록된 것으로 보인다. 바룩의 묵시록도 거의 동시대에 저작된 것으로 보인다. 따라서 두 책은 70AD에서 135AD 사이에 나타난 것으로 보는 데 별 이의가 없는 것 같다.

이 두 저작물은 계시록과 거의 동시에 출현하여 교회의 천년왕국 사상에 큰 영향을 주었다.

9.4.1. 2 바룩서 (2 Baruch)

9.4.1.1. 예루살렘이 영원히 재건됨

예루살렘 멸망 후 바룩은 예루살렘이 재건되어 영원할 것을 환상으로 받았다. 그전에 일시적으로 원수의 손에 넘겨지게 된 것을 말한다 (2 Baruch 6:5).

9.4.1.2. 메시아의 출현

예정된 일이 일어난 후에 메시아가 나타날 것이다. 그러면 브헤못과 리워야단은 살아남은 자들을 위해서 식량으로 남겨진다. 그때에 대지는 일만 배가 더 되는 수확을 낼 것이다 (2 Baruch 29:3-6).

9.4.1.3. 넘치는 풍요

한 그루의 포도나무가 천 개의 가지를 뻗고 그 가지 하나가 천 개의 포도송이를 맺을 것이고 또 그 한 송이는 천 개의 포도알을 맺을 것이며 하나의 포도알은 한 콜의 술을 만들 것이다. 굶주린 자는 풍성한 음식을 먹고 즐거워하며 또 날마다 신기함을 눈으로 볼 것이다 (2 Baruch 29:3-6).

9.4.1.4. 의인들과 악인의 부활

메시아의 도래의 때가 차면 그가 영광 가운데 돌아오실 것이다. 그때 그에게 소망을 둔 자들이 다 부활할 것이다. 그들은 종말이 도달한 것임을 알게 된다. 그리고 불경건한 자들은 자기들의 심판의 때가 도달한 것을 알고 실망하게 된다 (2 Baruch 30:1-5).

9.4.1.5. 시온을 멸망시킨 나라 멸망, 메시아 지배

지난날 시온을 멸망시킨 왕국도 파멸될 것이다. 그리고 그 군대를 멸망시킬 것이다. 그때 샘과 포도의 줄기로 가린 메시아의 지배가 모습을 드러낼 것이다 (2 Baruch 39:3, 7).

9.4.1.6. 사령관은 잡혀서 예루살렘에서 죽고 메시아가 백성 보호

그 대군이 전멸되었으나 살아남은 사령관은 예루살렘으로 끌려와서 메시아에 의해 죽임을 당한다. 그리고 살아남은 백성을 보호할 것이다. 메시아의 지배는 이 세상이 끝나고 예언한 때가 될 때까지 존속한다 (2 Baruch 40:1-3).

9.4.1.7. 처음 모습으로 부활하고 선악 간에 심판받음

그때에 땅은 죽은 자를 되돌려주되 처음 모습대로 되돌려줄 것이다. 죽은 자들이 살아오므로 살아 있는 자들이 그들을 알아볼 것이다. 서로가 서로를 알게 될 때 심판이 일어난다 (2 Baruch 50:2-4). 그때에는 의인들이 천사보다 더 낫게 된다 (2 Baruch 51:12). 그리고 세상의 종말에 불의를 행한 자들은 그 불의에 따라 심판을 받고 믿음이 깊은 자들은 칭찬을 받는다 (2 Baruch 54:21).

악한 사람들과 선한 사람들은 뿌린 씨앗을 수확하게 된다. 그리고 모든 재난을 면하고 살아남은 자들은 이겼거나 졌거나 간에 메시아의 손에 넘겨지고 나머지 주민들은 땅에 의해서 삼켜질 것이다 (2 Baruch 70:2, 9-10).

모든 민족들이 혼란에 빠져 있을 때 메시아가 나타나서 민족들을 불러 모아 어떤 사람들은 살리고 어떤 사람들은 죽일 것이다. 이방민족들 중에서도 이스라엘을 유린하지 않았던 자들은 구원받을 것이다. 그러나 야곱의 후손들을 지배하던 자들은 모두가 다 칼에 쓰러질 것이다 (2 Baruch 72:1-6).

9.4.1.8. 메시아의 통치로 세상이 평안해지고 재난과 질병이 없어짐

메시아가 세상을 다 평정하고 그의 왕좌에 영원히 평안히 앉으신 후에 행복이 나타나고 평화가 모습을 드러낼 것이다. 그때 병은 없어지고 슬픔도 사라지고 기쁨이 온 땅에 가득할 것이다.

비판과 비난과 분쟁과 재판과 피 흘림, 질투와 미움 그런 것들은 다 소제될 것이다. 그때 숲속의 짐승이 사람을 따르고 뱀이나 도마뱀은 구멍에서 나와서 어린아이들을 따를 것이다. 그때 여자는 해산의 고통을 맛보지 않고 고통 없이 태아를 출산한다 (2 Baruch 73:1-7).

9.4.2. 4 에스라서 (4 Ezra)

9.4.2.1. 예루살렘이 망한 이유를 깨달을 수 없음

에스라는 예루살렘 멸망 후 30년경에 바빌론에 있으면서 많은 고뇌를 겪는다. 예루살렘을 멸망시킨 바빌론이 시온보다 나은 것이 전혀 없고 악을 더 많이 행하였는데 어찌 그 성은 보호하시는지 이해할 수 없음을 표현한다 (4 Ezra 3:1-2, 27-36). 이에 대해 마침내는 악인들과 악한 나라들이 망하고 메시아 왕국이 세워질 것이라는 데서 해답을 찾는다.

9.4.2.2. 400년간의 메시아 왕국

재난의 때가 지나고 메시아가 400년간 다스리는 때가 온다. 그때에는 큰 기쁨이 있게 된다 (4 Ezra 7:26-29). 그러나 그 후 그리스도와 살아 있는 모든 인간들이 죽을 것이다.

먼지 속에 사는 자들의 영혼이 돌아오면 지극히 높으신 분이 심판하실 것이다. 자비와 참으심은 물러가고 오직 심판만 있게 된다.

의의 행적을 한 자들은 깨어 일어나 안식을 얻고 천국에 이른다. 불의를 행한 자들은 책망의 고통을 받아 지옥에 떨어진다 (4 Ezra 7:29-36).

9.4.2.3. 심판의 날

심판의 날은 이렇게 진행된다. "그날에는 해와 달과 별도 없고 구름과 천둥과 번개도 없다. 바람과 물과 공기도 없다. 어둠도 없고 저녁과 아침도 없다…빛나는 것도 없고 밝음과 빛도 없다. 오직 지극히 높으신 이만이 밝게 빛날 것이다. 이 기간은 1년간 계속될 것이다. 이것이 나의 심판이다" (4 Ezra 7:37-44).

이런 심판주의 선언에 에스라가 "어찌 의인은 소수이고 악인은 많은지요?"라고 질문하였더니 메시아는 납과 흙덩이를 보석과 같이 칠 수 없다고 답하였다. "나는 구원받은 소수를 기뻐하고 형벌받은 자들은 불타 사라지고 말 것이다" (4 Ezra 7:49-61)라고 하였다.

지극히 높으신 분은 아담과 그의 후손들을 만드시기 전에 심판을 준비하셨다. 악인들을 오래 참으셨는데 예정대로 참으셨다는 것이다 (4 Ezra 7:70-74).

9.4.2.4. 율법을 지키지 못한 자들, 안식 없음; 율법 준수자, 기쁨과 영광

사람은 죽을 때 그의 영혼은 몸을 떠나 그를 지으신 이에게로 가서 그를 찬양한다. 그러나 악인들과 율법을 범한 자들은 안식하지 못하고 7가지 길을 지나 방황하며 한탄하고 슬퍼하게 된다. 마침내 종말에 이르러 그들은 지극히 높으신 이에게 심판을 받는다 (4 Ezra 7:78-87).

율법을 지킨 자들은 7단계를 지나 썩지 않고 그 얼굴은 해처럼 빛나고 별빛과 같이 된다. 그리고 넘치는 기쁨으로 기뻐하게 된다. 지극히 높으신 이가 그들에게 영광을 주고 상급을 주신다.

그러나 율법을 무시한 자들은 고통과 책망을 받는다. 영혼들이 죽은 후 7일간 자유하다가 이런 몫을 당하게 된다 (4 Ezra 7:86-99).

심판받을 때는 각자가 자기의 불의나 의에 따라 몫을 받고 다른 사람을 위해서 간청할 수 없다 (4 Ezra 7:102-115).

9.4.2.5. 많은 사람들이 멸망에 이른 것에 대한 답

구원받은 자들은 적다. 구원받지 못한 자들은 지극히 높으신 여호와를 무시하고 율법을 소홀히 하였다.

토기를 만드는 흙은 많이 나지만 황금이 되는 티끌은 조금밖에 나지 않는다. 마찬가지로 만들어진 자는 많으나 구원받는 자는 불과 얼마 되지 않을 것이다 (4 Ezra 8:1-3).

여호와는 말하기를 나는 의인들이 창조된 것과 천국을 향해서 길을 떠나는 것과 구원과 상급을 받는 것을 기뻐할 것이라고 답하였다.

농부가 대지에 많은 씨앗을 뿌려도 전부가 뿌리를 내리는 것이 아니듯 만들어진 사람들도 모두가 구원되는 것은 아니다 (4 Ezra 8:41).

또 멸망할 자들은 지극히 높으신 분을 업신여기고 그 율법을 소홀히 하며 그를 버렸다. 또 그들은 하나님은 없다고 마음으로 말하였다.

창조주는 사람이 멸망하는 것을 바라지 않으셨지만 그들은 창조자의 이름을 욕되게 하고 생명을 주신 분의 은혜를 잊었다. 그러므로 심판이 가까이 와 있다 (4 Ezra 8:56-61).

9.4.2.6. 30년은 3천년으로 이해함

역사의 시작부터 희생제물을 바치게 될 때까지 3,000년이 지날 것이다 (4 Ezra 10:45). 그 후 3년이 지나서 솔로몬이 성전을 지어 하나님께 희생제사를 바쳤다 (4 Ezra 10:46).

9.4.2.7. 로마의 멸망 예언

그 후에 로마가 일어나는데 12왕이 다스리고 또 여덟 날개 아래 8명의 왕이 나와서 다스릴 것이다. 그러나 머지않아 그 나라가 망할 것이다 (4 Ezra 12:14-35).

제5절 다윗왕국의 회복으로서 천년왕국의 문제

9.5.1. 다윗왕국의 회복은 이방인들이 주 예수를 믿어 그의 백성 됨임

유대인들에 의해서 시작한 천년왕국 사상은 다윗왕국의 회복으로 이해해왔다. 이 견해를 일부 교회도 받아들여 천년왕국을 다윗왕국의 회복으로 보았다. 그리하여 다윗 왕 때 행했던 모든 제사제도와 의식제도가 다 회복되고 피 제사가 부활한다고 믿는다. 그리스도가 다윗의 후손으로서 다윗의 위에 앉아서 다스린다고 믿고 주장한다.

그러나 사도 공회의에서 야고보 사도는 전통적인 다윗왕국의 회복을 전적으로 부정하였다. 야고보는 암 9:11의 말씀을 인용하였다.

"그날에 내가 다윗의 무너진 천막을 일으키고 그 틈을 막으며 그 퇴락한 것을 일으켜서 옛적과 같이 세우고."

행 15:16에 "이후에 내가 다시 돌아와서 다윗의 무너진 장막을 다시 지으며 또 그 퇴락한 것을 다시 지어 일으키리니"라고 기록되어 있다"라고 했다.

사도는 이 본문을 암 9:11로 설명하였다. 행 15:17에 "이는 그 남은 사람들과 내 이름으로 일컬음을 받는 모든 이방인들로 주를 찾게 하려 함이라 하셨으니."

야고보 사도의 해석의 핵심은 다윗의 무너진 장막을 다시 세운다는 것은 다윗왕국을 재현하는 것이 결코 아니다. 다윗왕국의 회복은 모든 이방인들로 주를 찾게 하려 함이다. 곧 모든 이방인들이 주 예수를 믿어 그의 교회에 가입하는 것을 다윗왕국의 회복으로 단정하였다.

그러므로 다윗 왕이 다스리고 그의 통치기간에 행사된 모든 제사법과 다른 제도들이 다시 시행되는 의미로 천년왕국은 결코 있을 수 없다고 확실하게 하였다.

따라서 1,000년간 지속되는 다윗왕국의 회복 곧 천년왕국의 설립은 불가하다. 오직 이방인들이 주 예수를 믿어 교회에 편입되어 하나님의 백성 되는 것이 다윗왕국의 회복이다.

야고보 사도의 해석에 의해 천년왕국은 전적으로 불가한 것으로 판명되었다.

제6절 고대교회의 천년왕국 사상

2세기 중엽부터 교회에 천년왕국 사상이 들어왔다. 이 사상은 파피아스 (Papias)와 첫 변증가인 유스티노스 (저스틴)에게서 시작되었다. 파피아스는 단편들 (Fragments)에서, 또 유스티노스는 유대인 트리포 (Trypho)와의 대화에서 천년왕국 사상을 펼쳤다. 에레나이오스는 이단들에 대항하여 (Adversus Haereticos)에서 천년왕국을 구체적으로 개진한다.

이 천년왕국 사상의 핵심은 의인들이 부활하고 땅의 생산이 넘치게 이루어지며 사람들의 사는 날들이 크게 늘어서 일찍 죽는 사람과 죄인들의 나이도 100살이 될 것이라고 한 점이다.

9.6.1. 파피아스 (Papias, 70-155)의 전승

에레나이오스는 파피아스가 주의 제자 요한에게서 직접 들은 것을 5권의 책에 기록했다고 말한다 (Eirenaios, AH, V, 33; Eusebios, Historia Ecclesiae, 39). 그러나 파피아스 자신은 직접 주의 제자 요한에게 들었다고 선언하지 않았다 (Eusebios, HE, V, 33). 그렇다면 아리스티온 (Aristion)에게서 들은 것을 기록하였다고 할 것이다 (Eusebios, HE, III, 39).

파피아스는 들은 것을 기록하였지만 그런 가르침들 중에는 환상적인 성질의 것이 있었다고 표기하였다. 그것이 천년왕국에 관한 것이다.

9.6.1.1. 부활로 천년왕국 시작

죽은 자들 가운데서 부활이 있은 후에 천년 기간이 있을 것이다. 그때에 그리스도의 인격적인 통치가 이 땅에 세워질 것이다 (Papias, Fragments, VI).

9.6.1.2. 넘치는 생산

날들이 이를 것인데 그때에 포도가 자라서 각각 만 개의 가지들을 낼 것이요 각 가지는 만 개의 잔가지들을 가질 것이며 각 잔가지는 만 개의 어린 가지들을 내고 각 어린 가지는 만 개의 송이들을 내며 각 송이는 만 개의 포도를 낼 것이다.

각 포도를 짜면 25 메트레타 (Metreta, Metretes, 한 메트레타는 9 갈론)의 포도주가 나올 것이다 (Papias, Fragments, IV).

9.6.1.3. 넘치는 밀의 생산

마찬가지로 밀 한 알이 만 개의 이삭을 낼 것이다. 각 이삭은 만 개의 곡식 낱알을 가질 것이다. 매 곡식 낱알은 10파운드나 되는 깨끗하고 흰 가루를 낼 것이다. 사과와 씨와 풀도 비슷한 비율로 생산할 것이다 (Fragments, IV).

9.6.1.4. 모든 동물들도 풀을 먹음

그리고 모든 동물들도 땅에서 자라나는 것들을 먹으며 평화롭고 조화로워서 사람에게 전적으로 복종할 것이다. 이날들은 이사야가 예언한 것 (사 11:6ff)이 성취된 것이라고 한다. 이리가 어린양과 함께 누울 것이다 (Fragments, IV).

그런데 배신자 유다는 이것을 믿지 않고 그런 생산이 어떻게 이루어질 수 있느냐고 했다고 기록한다.

9.6.1.5. 세 가지의 거소로 나뉨: 하늘, 낙원, 도성에서 나뉘어 삶

또 장로들은 말하기를 하늘의 거소에 합당한 자들은 거기로 갈 것이고 다른 사람들은 낙원의 즐거움을 누릴 것이다. 또 다른 사람들은 그 도성의 영화를 소유할 것이다 (Fragments, IV).

그러나 어디서나 주를 뵈올 수 있다. 그를 보기에 합당한 대로 그를 뵈올 것이다. 이 차이는 100배를 낸 자들과 60배를 낸 자들과 30

배를 낸 사람들의 거소들의 구분이다.

첫 번째 무리는 하늘로 올릴 것이고, 둘째 그룹은 낙원에 살 것이며, 세 번째 사람들은 도성에 거주할 것이다. 이런 이유로 주님이 '내 아버지의 집에 거할 곳이 많다'고 하셨다고 제시한다. 하나님에게 모든 것이 속하므로 그가 모든 사람들에게 합당한 거주지를 주실 것이다. 각각 합당한 자격대로 그러할 것이다 (Fragments, IV).

9.6.1.6. 단계적으로 진보: 성령으로 말미암아 아들에게로, 아들로 말미암아 아버지에게로

구원받은 사람들은 본성의 단계들을 통해서 진보하는데 성령을 통하여 아들에게로 올라가고 아들을 통해서 아버지에게로 올라간다. 동시에 아들은 그의 사역을 아버지에게 넘길 것이다.

천년왕국의 때에 땅 위에 있는 의인들은 죽는 것을 잊어버릴 것이다 (Fragments, V).

9.6.2. 케린토스 (Kerinthos, Cerinthus, 1세기 말)의 주장

케린토스는 유대 그리스도인 이단자이다. 최초의 교회 역사가인 유세비오스의 보고에 의하면 그는 천년왕국을 주장하였다.

9.6.2.1. 부활 후 땅에서 그리스도의 왕국

부활 후에 그리스도의 왕국이 땅 위에 세워질 것이다. 케린토스

자신이 몸의 쾌락에 전심하고 본성으로 음탕하였으므로 그리스도의 나라는 자기가 원하는 그런 것들로 성립한다고 꿈꾸었다. 곧 배의 쾌락과 성적 욕망에 성립한다고 보았다. 먹고 마시는 것과 결혼하는 것과 축제들과 희생제사와 제물들을 잡는 것으로 성립한다고 꿈꾸었다. 그리하여 자기의 욕망을 채우기를 바랐다 (Eusebios, Historia Ecclesiae, III, 28; VII, 2-3).

9.6.2.2. 쾌락으로 삶

케린토스는 주장하기를 예루살렘에 거주하는 육체는 다시 욕망과 쾌락에 매이게 될 것이다. 천년 동안 결혼축제가 있을 것이라고 단언하였다 (Eusebios, HE, III, 28; VII, 2-3).

9.6.3. 바나바의 서신의 주장

바나바의 서신은 바울의 동역자 바나바 사도의 글이 아니고 어느 평신도가 쓴 편지로 여긴다. 100AD에서 135AD 사이에 기록된 것으로 본다. 바나바의 서신에도 천년왕국 사상이 나타났다.

9.6.3.1. 6일 창조: 6,000년간에 만물 진행; 새로운 세계

하나님은 6일에 하늘과 땅을 창조하셨다. 하나님에게는 하루가 천년과 같다. 따라서 하나님이 만물을 6일 곧 6,000년에 끝내실 것이다.

하나님이 7일에 쉬셨다. 이것이 뜻하는 것은 하나님의 아들이 오실 때 악인의 때를 멸하실 것임을 말한다. 그리고 만물에게 쉼을 주실 때 8일의 시작 곧 다른 세상을 시작하신다 (epistula, 15).

9.6.3.2. 하나님의 아들이 육신으로 오셔서 구원

바나바의 서신은 하나님의 아들이 사람들을 구원하기 위해서 육신으로 나타나셔서 십자가에 죽으시어 인류를 구원하신 것을 먼저 말한다. 곧 모든 세계의 주이신 하나님의 아들이 육신으로 나타나시어 죽음을 멸하시고 사람들이 그를 봄으로 구원에 이르도록 하셨다 (epistula, 5).

9.6.3.3. 재림 때 산 자와 죽은 자들을 심판

그가 다시 오실 때는 만물의 주이신 하나님의 아들이 산 자들과 죽은 자들을 심판하실 것이다 (epistula, 7).

9.6.3.4. 세계의 권세 가진 사탄도 멸함

바나바는 그의 편지에서 사탄을 불의의 날의 왕자 (王者)라고 하고 하나님은 영원히 주님이시라고 선언한다 (epistula, 18).
주님이 악인의 날들을 감하셔서 그의 사랑하시는 아들이 속히 오도록 하신다고 단언한다. 하나님의 아들이 오셔서 산 자와 죽은 자를 심판하실 때 악인 곧 적그리스도도 멸하실 것임을 말한다.

편지는 적그리스도를 검은 자 (the Black One)와 작은 뿔로 표현한다 (epistula, 4. 18).

9.6.4. 유스티노스 (Ioustinos, Justine, 110-165)의 가르침

9.6.4.1. 예루살렘 재건: 부활이 있고 천년

유스티노스는 유대인 트리포와의 대화에서 예루살렘성이 다시 지어질 것을 주장하였다.

먼저 죽은 자들의 부활이 있고, 다시 지어져 장식되고 확장된 예루살렘에서 천년이 있을 것이다. 이것은 이사야와 에스겔과 다른 선지자들이 선언한 것으로 확신하였다 (Dialogus cum Trypho, LXXX).

9.6.4.2. 재건된 예루살렘에서 천년간: 생명나무의 날대로 천년

유스티노스는 이사야의 예언과 계시록으로부터 천년왕국을 증명하였다. 천년기간이 있을 것인데 예루살렘이 기쁨이 되고 백성이 즐거움이 될 것이다. 울음도 없을 것이고 젊어 죽은 사람이 없을 것이다. 젊은 사람이 100살이 될 것이다. 100살에 죽은 죄인은 저주를 받은 자이다. 집들을 짓고 사람들이 거기 살며 포도원을 심고 그 열매를 먹으며 포도주를 마실 것이다.

생명나무의 날들이 구원받은 백성의 날들이 될 것이다. 그들은 자녀들을 낳을 것인데 의의 씨여서 주로부터 복을 받을 것이다.

늑대들과 양들이 함께 풀을 먹으며 사자가 소처럼 짚을 먹을 것이다. 그러나 뱀은 흙을 빵으로 먹을 것이다. 거룩한 산에서 그들은 서로 해하지 않을 것이다 (사 65:17ff).

유스티노스는 생명나무의 날들이 천년을 예언하는 것으로 이해하였다 (Dialogus cum Trypho, LXXXI).

9.6.4.3. 예루살렘에서 천년 삶: 그 후 부활과 심판과 영생

유스티노스는 그리스도를 믿는 자들이 예루살렘에서 천년을 살 것이라고 가르쳤다. 그 후에 영원한 부활이 있고 모든 사람이 다 같이 심판을 받을 것이다. 그들은 장가도 가지 않고 시집도 가지 않아서 천사들과 같아질 것이다. 하나님의 자녀들은 부활할 것이라고 하였다 (Dialogus cum Trypho, LXXXI).

9.6.5. 에레나이오스 (Eirenaios, Irenaeus, 120-202)의 가르침

에레나이오스는 그리스도교의 첫 신학자이다. 《이단들에 대항하여》(Adversus Haereticos, V, 32-36)라는 책에서 천년왕국을 자세히 개진하였다.

9.6.5.1. 아브라함에게 하신 땅의 약속을 의인들이 받음

에레나이오스는 아브라함에게 하신 땅의 약속이 의인들의 부활 시에 땅의 왕국에서 이루어진다고 주장하였다. 의인들이 부활할 때 새롭게 된 창조에서 하나님을 뵈옵고 그 후에 심판이 일어날 것이다. 의인들이 부활하여 그들이 살던 창조에서 아무런 제재도 받지 않고 다스린다.

교회가 아브라함의 씨이므로 의인들이 부활할 때 하나님이 아브라함에게 하셨던 땅의 약속을 받는다 (AH, XXXII)고 말한다.

에레나이오스는 천년에 풍성한 생산과 오래 사는 일이 이루어질 것을 주님이 직접 말씀하신 것으로 말한다.

9.6.5.2. 넘치는 생산: 포도와 곡식

그날들이 이르러 포도나무는 만 개의 가지를 내고 각 가지는 만 개의 잔가지를 내고 각 잔가지는 만 개의 새싹을 낸다. 각 새싹은 만 개의 송이를 내며 각 송이는 만 개의 포도를 맺는다. 포도를 짜면 25×9 갤런의 포도주를 낸다 (AH, XXXIII, 3).

9.6.5.3. 넘치는 밀의 생산

밀 곡식도 만 개의 밀 귀를 생산하는데 각 귀는 만 개의 곡식알을 내고 각 곡식알은 10파운드의 밀가루를 낸다.

모든 씨 맺는 나무와 씨와 풀도 같은 비율로 생산하여 동물들이 먹고 평화롭게 살 것이다 (AH, XXXIII, 3).

9.6.5.4. 평화의 세상

에레나이오스는 평화의 세상을 다음과 같이 제시한다. 이사야의 예언대로 이리가 어린양과 함께 먹고 표범이 어린아이와 함께 쉬며, 송아지와 황소와 사자가 함께 먹을 것이며 어린아이가 그들을 이끌 것이다. 소와 곰이 함께 먹으며 사자가 소처럼 짚을 먹을 것이다. 갓 난아이가 독사의 굴에 손을 넣어도 아무 해를 입지 않을 것이다. 뱀이 흙을 빵처럼 먹을 것이다.

의인들이 부활할 때 동물들이 사람에게 온전히 순종할 것이다. 그리고 하나님이 처음 그들에게 주신 먹거리 곧 땅의 소산을 먹을 것이다 (AH, XXXIII, 4).

9.6.5.5. 의인들이 집과 포도원을 세우고 삶

에레나이오스는 부활한 의인들의 삶을 다음과 같이 제시한다.

의인들이 부활하여 집을 짓고 포도원을 가꾸며 소망 가운데 살 것이다. 모든 창조가 과일들을 크게 생산할 것이다. 이 일들 후에 남은 자들은 많아지고 사람의 날이 길어져서 젊은이도 백년이 될 것이고 죄인은 백 살에 죽으나 저주받아 죽는다.

의인들은 포도의 열매를 먹고 포도주를 마실 것이다 (AH, XXXIV). 이때 지극히 높으신 하나님의 성도들에게 나라와 다스림이 주어질 것이다.

9.6.5.6. 의인의 부활과 땅 위의 왕국

요한이 첫 의인의 부활을 보고 땅의 왕국에서의 상속을 미리 보았다고 에레나이오스는 말한다.

천년왕국에서 창조는 썩어짐에서 놓여나고 하나님의 아들들의 자유로 들어간다. 이 모든 일들에서 아버지 하나님이 현시된다. 그리고 그가 조상들에게 주신 땅의 약속이 부활 때 의인들에게 이루어진다 (AH, XXXVI, 3).

9.6.5.7. 의인들이 땅에서 다스리고: 주를 보고 하나님의 영광에 동참

에레나이오스는 이런 마지막 때의 일들을 우화적으로 해석하면 안 된다고 강조한다 (AH, XXXV).

의인들이 부활하여 땅에서 다스리고 주를 보는 것이 더 강해질 것이다. 그리고 주로 말미암아 하나님 아버지의 영광에 동참하고 그의 나라에서 천사들과 교제하며 영들과 연합할 것이다.

실제로 사람들이 죽은 자들로부터 일어나고 썩지 않도록 훈련을 받아 번창하여 아버지의 영광을 받을 수 있게 된다. 그 다음 만물이 새롭게 되면 그 사람은 참으로 하나님의 도성에 살게 될 것이다 (AH, XXXV).

9.6.5.8. 새 하늘과 새 땅

새 하늘과 새 땅이 있으므로 새 사람이 남아 있어서 늘 새롭게 하나님과 교제하게 된다.

하늘과 낙원과 도성이 있는데 합당한 자들이 하늘의 처소에 가고, 다른 사람들은 낙원의 즐거움을 누릴 것이며, 또 다른 사람들은 도성의 광채를 소유할 것이다.

그러나 구주는 어디서나 합당한 자들에게 보일 것이다 (AH, XXXVI, 1).

9.6.5.9. 거소에 차이가 있음

100배를 생산하는 사람들은 하늘로 올리고, 60배를 생산한 사람들은 낙원으로 올리고, 30배를 생산하는 사람들은 도성에 산다.

이것이 구원받은 사람들의 등급과 조정이다. 그들은 이 본성의 단계들을 통해서 진보한다 (AH, XXXVI, 2).

9.6.5.10. 영을 통해서 아들에게로: 아들을 통해서 아버지에게로 올라감

또한 그들은 영을 통하여 아들에게로 올라가고 아들을 통해서 아버지에게로 올라간다. 때가 되면 아들은 자기의 사역을 아버지에게 넘길 것이다. 그때 아들은 아버지에게 복종하신다 (AH, XXXVI, 2).

9.6.5.11. 한 아들과 완전해진 인류 종족: 하나님의 형상이 됨

에레나이오스의 가르침의 핵심은 하나님의 아들로 말미암아 인류 종족이 하나님의 형상이 되는 것이다. 자기 아버지의 뜻을 성취하신 한 아들과 완성된 인류 종족이 있다.

하나님의 소생 곧 처음 난 말씀이 피조물 (facturam) 곧 그의 조형물 (plasma)로 내려오셨다. 그리고 조형물이 말씀에 의해 담지되지만, 피조물은 말씀을 담지하고 그에게로 올라가서 천사들을 지나 하나님의 형상과 모양으로 만들어질 것이다 (AH, XXXVI, 3).

9.6.6. 힙폴리토스 (Hippolytos, 170-236)의 가르침

힙폴리토스는 에레나이오스의 제자이므로 천년기론 사상을 이어받은 것은 사실이다. 그러나 먼저 의인이 부활하고 천년의 지복의 때가 땅 위에서 전개된다는 사상은 별로 나타내지 않았다.

그는 에레나이오스처럼 총괄 사상의 견지에서 그리스도와 적그리스도를 대립시켜 종말 도식을 전개한다. 적그리스도도 그리스도와 같은 방식으로 오고 그리스도가 유다지파에서 나오셨으므로 적그리스도는 단지파에서 나올 것으로 확신하고 있다.

9.6.6.1. 하나님이 육체 안에 오셔서 피 흘리심

힙폴리토스는 에레나이오스처럼 그리스도가 육체로 오신 하나님이심을 중심점으로 세운다. 그가 사람에게서 죄를 씻어내기 위해서 사람이 되어 오셨어도 그의 신성의 완전함이 감해지지 않았다고 강조한다 (Elucidations, 30).

그가 세상에 오실 때 하나님과 사람으로 나타나셨다. 따라서 그 안에 계신 하나님은 천사들에 의해 경배받으셨다 (Commentary On the Psalms, II). 천사들에 의해서 하늘 문으로 인도받으셨다 (On the Psalms, XXIII).

그리스도는 자기의 집을 동정녀에게서 비롯된 육신으로 지으셨다. 그의 몸을 성전으로 취하셨다. 그는 마리아 안에서 그의 신격과 몸을 연합하셨다. 그리하여 하나님과 사람이시면서 서로 혼합이 없으셨다. 그리고 그는 죄용서를 위해 우리에게 그의 몸과 피를 먹고 마시도록 주셨다 (Commentary On Proverbs, 9:1).

9.6.6.2. 그리스도는 부활 후에 심판주로 오심

또 그리스도는 죽은 자들 가운데서 살아나심으로 모든 사람의 부활을 시작하셨다. 그 후에 그는 하늘에 오르사 하나님 우편에 앉으셨다가 세상 끝에 심판주로 오실 것이다 (Treatise on Christ and Antichrist, 46).

9.6.6.3. 그리스도와 적그리스도의 대비: 그리스도, 사자; 적그리스도, 사자; 적그리스도가 그리스도 모방

세상의 마지막 날들에 거짓 그리스도들이 일어날 것인데 (A Discourse on the End of the World and on Antichrist, 9) 힙폴리토스는 그리스도와 적그리스도가 어떻게 유사하며 어떻게 다른지를 밝힌다.

우리 주 예수 그리스도는 하나님이신데 사자의 형상으로 예언되었다. 그의 왕권과 영광 때문에 그러하다. 성경은 적그리스도도 그의 폭정과 폭압 때문에 사자로 말하였다. 그 사기꾼은 모든 면에서 자신을 하나님의 아들에 비기려고 애쓴다.

그리스도가 사자이므로 적그리스도도 사자이고, 그리스도가 왕이시므로 적그리스도도 왕이다. 구주가 어린양으로 나타나셨으므로 적그리스도도 속은 늑대여도 어린양으로 나타날 것이다. 구주가 할례로 세상에 오셨으니 적그리스도도 같은 방식으로 올 것이다 (A Discourse, 20).

9.6.6.4. 그리스도, 동정녀 탄생으로: 적그리스도, 부정한 출생으로

그리스도가 동정녀로 오셨듯이 적그리스도도 여인을 통해서 오지만 부정한 여인을 통해서 세상에 올 것이다. 그러나 그도 처녀에게서 날 것이다 (A Discourse, 27).

9.6.6.5. 그리스도, 사도 보내심: 적그리스도, 거짓 사도 보냄

그리스도가 사도들을 모든 민족들 가운데 보내신 것처럼 적그리스도도 거짓 사도들을 보낼 것이다. 그리스도가 널리 흩어진 양들을 모았듯이 적그리스도도 같은 방식으로 흩어진 백성을 모을 것이다. 그리스도가 그를 믿는 자들을 인치듯이 적그리스도도 같은 방식으로 인칠 것이다.

9.6.6.6. 그리스도, 자기 몸 성전: 적그리스도, 예루살렘에 성전 세움

그리스도가 그의 몸을 성전으로 세우신 것처럼 적그리스도도 예루살렘에 돌로 된 성전을 일으킬 것이다 (Hippolytos, Treatise, 6).
적그리스도는 교묘하게 사람들을 속여 적그리스도에 의해서 구원받는다고 생각하게 할 것이다 (A Discourse, 24).

9.6.6.7. 그리스도, 유다지파에서: 적그리스도, 단지파에서 나옴

힙폴리토스는 주장하기를 그리스도는 유다지파에서 사자로, 사자의 새끼로, 통치자로 나온다. 적그리스도는 단지파에서 나온다고 해설한다. 야곱이 단을 뱀으로 예시한 것을 힙폴리토스는 적그리스도로 일치시켰다 (Treatise, 7. 8. 14). 족장 야곱이 지목한 대로 그리스도는 사자의 새끼인 유다지파에서 나셨다. 그리스도를 사자로 지목한 것은 그의 영광과 왕권 때문이다. 주 예수 그리스도는 육체 안에서 우리와 함께 유하셨다 (Treatise, 18).

적그리스도는 단지파에서 나온다고 족장이 예언하였는데 단지파를 뱀이라고 지목한 것에서 힙폴리토스는 뱀을 적그리스도로 속이는 자로 단정한다. 속이는 자도 사자라고 한 것은 그의 압정과 폭력 때문이다 (A Discourse, 18. 19).

단지파에서 나오는 적그리스도는 참주 (僭主)와 왕으로 무서운 심판관으로 마귀의 아들로 나온다 (Treatise, 15). 사탄은 루시퍼 (Lucifer) 곧 아침의 아들이다 (Treatise, 17).

9.6.6.8. 적그리스도의 출현과 사역

힙폴리토스는 무저갱에서 올라온 짐승 곧 적그리스도가 성도들과 큰 싸움을 하여 그들을 다 죽일 것이라고 한다. 그들이 짐승에게 영광을 돌리지 않기 때문이다. 그 짐승은 자신을 하나님이라고 높이고 성도들을 핍박하고 그리스도를 모독할 것이다. 하나님을 모욕하고 성도들을 핍박한 짐승은 결국 죽임을 당하고 멸망할 것이다 (Treatise, 47).

9.6.6.9. 짐승: 적그리스도의 나라

힙폴리토스는 땅에서 올라온 짐승은 적그리스도의 나라를 뜻한다고 하였다. 두 뿔은 그 짐승과 그 다음에 오는 거짓 선지자로 지목한다. 뿔이 어린양처럼 말하는 것은 자신을 하나님의 아들과 같게 만들고 양으로 제시하는 것이라고 한다. 용처럼 말한다는 것은 그가 속이는 자라는 것과 신실하지 않음을 말한다 (Treatise, 49).

또 적그리스도는 자신을 구원하지도 못하면서 모든 인류를 꾀어 그들에게 구원을 약속할 것이다. 그리고 믿지 않는 사람들을 사방에서 자신에게로 모아 성도들을 핍박하도록 할 것이다 (Treatise, 55, 56).

9.6.6.10. 적그리스도가 기적들을 행사

힙폴리토스는 선지자들이 배도자의 나라의 시작과 끝 그리고 심판주의 오심과 의인들의 생명과 죄인들의 형벌을 미리 알렸다고 보았다.

또 그는 세계의 완성과 대적자 곧 마귀가 온 세상을 미혹할 것과 우리 주 예수 그리스도의 두 번째 오심을 선지자들의 예언에 따라 설명한다 (A Discourse on the End of the World and on Antichrist, 2).

9.6.6.11. 거짓 이적들로써 적그리스도가 자신을 왕과 하나님으로 선언

적그리스도는 귀신들을 사람의 형상으로 모아서 사람들의 영혼을 더럽히도록 할 것이다. 또 그들을 백성들 위에 군주로 임명할 것이다 (A Discourse, 25. 26).

그리고 모든 인류 종족을 멸망의 구덩이로 던지기 위해서 거짓 이적들을 사용할 것이다. 곧 산들을 옮기고 바다 위를 맨발로 걸으며 불을 하늘에서 내리고 낮을 밤으로, 밤을 낮으로 바꿀 것이다. 곧 해를 원하는 곳으로 옮길 것이다. 또 땅과 바다의 요소들을 보여주며 자기에게 복속시킬 것이다.

적그리스도는 모든 사람들을 미혹하여 진리에서 돌이키고 하늘의 문에서 돌이킬 것이다. 그리고 자신을 큰 왕, 큰 하나님이라고 선언할 것이다 (A Discourse, 26).

9.6.6.12. 적그리스도가 3년 반 동안 성전 세움

적그리스도가 3년 반 동안 통치할 때 예루살렘에 성전을 세운다고 힙폴리토스는 단언한다 (A Discourse, 25).

9.6.6.13. 대재난이 시작됨

이 일들 후에 땅이 생산을 내지 않도록 모든 것이 바뀔 것이다. 또 바다와 강들도 썩는 냄새로 가득하고 마르며 물고기들도 죽게 되므로 사람들은 굶주림과 목마름으로 죽을 것이다.

아버지와 어머니가 자식들을 껴안고 함께 죽을 것이다. 그래도 그들을 묻을 사람이 없을 것이다. 그리하여 온 땅은 죽은 자들의 독한 냄새로 가득할 것이다.

강한 온역 (瘟疫)이 온 땅에 오므로 많은 탄식과 셀 수도 없는 울음 또 끊이지 않는 슬퍼함이 있을 것이다. 그리하여 어서 죽기를 바랄 것이다 (A Discourse, 27).

가증한 자는 귀신들과 사람들의 손으로 그의 명령들을 모든 정부에 보내 큰 왕이 왔으니 그를 경배하라고 명령할 것이다.

그가 백성들에게 곡식과 포도주와 부와 명예를 준다고 하므로 온 땅과 바다가 그의 명령에 순종할 것이다. 식량이 없기 때문에 그를 경배할 것이다.

적그리스도는 그들의 이마와 오른손에 자기의 표식 곧 666이란 표를 준 후에 그 표 때문에 조금의 식량을 사람들에게 줄 것이다.

그리고 하나님 곧 십자가에 못 박히신 이를 부인하도록 압박할 것이다 (A Discourse, 28).

9.6.6.14. 적그리스도가 자신을 하나님으로 경배 강요

적그리스도는 강제적으로 창조주를 부정하게 하고 세례와 예배를 부인할 것이다. 그 후 그들은 적그리스도를 믿는다고 할 것이다. 멸망의 자식이 사람들을 속여서 칼로 그리스도를 믿는 자들을 죽일 것이다.

그리고 그의 귀신들을 천사들처럼 내보이고 또 헤아릴 수 없는 영적 존재들을 들여올 것이다.

이 대적자는 모든 사람이 보는 앞에서 하늘로 올라가고 다시 큰 영광으로 땅으로 내려올 것이다. 또 적그리스도는 귀신들로 자기의 명령을 집행하도록 할 것이다. 또 귀신 군대를 보내 산과 굴에 숨어 있는 성도들을 끌어내어 자기를 경배하게 하고 거부하는 자들을 비교할 수 없는 고통과 고문으로 소멸할 것이다 (A Discourse, 29).

9.6.6.15. 참 신자들은 피할 것

그래도 그 폭군 (暴君, 僭主)을 이겨내는 복된 자들이 있을 것이다. 사람들이 먹고 마실 것을 달라고 하면 "하늘이 거부한 것을 내가 어떻게 할 수 있느냐"라고 할 때 "아! 속이는 자에 의해서 우리가 속았다"라고 탄식할 것이다 (A Discourse, 30. 31).

적그리스도의 꼬임에서 벗어나 산의 굴에 숨어서 그리스도를 간절히 구하는 자들이 있을 것이다. 그리스도는 그의 오른손으로 그들을 올무에서 구해내실 것이다 (A Discourse, 32).

9.6.6.16. 하나님 예배가 중단됨

온 세상이 고통 때문에 탄식하고 하늘과 땅도 가증한 자의 표를 받은 자들 때문에 탄식할 것이다 (A Discourse, 33).

그때는 그리스도의 성찬이 사라지고 하나님 예배가 소멸되며 시편을 찬송함이 그칠 것이다. 성경을 봉독하는 것도 들을 수 없게 된다.

그리고 고통과 어두움과 화만 있으므로 사람들의 욕망이 사라지게 될 것이다. 그래서 물자가 더 이상 필요 없다고 할 것이다 (A

Discourse, 34).

9.6.6.17. 고통의 날들을 줄이심

하나님은 남은 자들 때문에 괴로운 날들과 3년 반의 기간을 줄이실 것이다. 또 적그리스도의 나라를 빠르게 옮기실 것이다 (A Discourse, 35).

9.6.6.18. 하나님의 아들의 재림과 심판

멸망의 가증한 것이 일어날 때 주 예수 그리스도 곧 하나님의 아들이 하늘로부터 나타나셔서 온 세상을 완성하실 것이다. 그리스도는 불로 주를 믿기를 거부한 자들을 심판하실 것이다.

동서에 나타난 십자가의 기호가 심판주의 오심과 나타나심을 선언할 것이다. 나팔을 불면 모든 죽은 사람들이 순간에 살아날 것이다. 그리스도는 각 사람에게 행한 대로 갚으실 것이다 (A Discourse, 36).

9.6.6.19. 만물이 풀어짐

불이 산들과 언덕들을 태우고 바다도 사라지게 하고 공기도 풀어지게 한다. 하늘의 별들이 떨어지고 해가 어두워지며 달이 피처럼 변할 것이다. 하늘이 두루마리처럼 말리고 땅이 불탈 것이다.

그 후에 새 하늘과 새 땅이 있을 것이다 (A Discourse, 37).

9.6.6.20. 만인이 심판받음

의인과 악인이 다 같이 썩지 않게 일으켜지게 된다. 천사들이 모든 민족들을 모아 그리스도의 심판석 앞에 세우면 자기들이 행한 모든 것을 아뢸 것이다 (A Discourse, 38).

의인들은 영원히 영광을 보며 불멸의 기쁨을 누리나 악인들은 영원한 심판으로 벌을 받을 것이다. 각 사람에게 자기의 행한 것이 따를 것이다.

하늘의 권능들이 흔들리고 두려움과 떨림이 모든 것들을 삼킬 것이다 (A Discourse, 39).

9.6.6.21. 만인이 그리스도를 능하신 하나님, 의로운 심판관으로 고백

모든 혀가 그리스도를 의로운 심판관으로, 전능하신 하나님으로, 창조주로 고백할 것이다. 이때 천군들과 천사들과 보좌와 정사와 권세들이 다 "거룩하다, 거룩하다, 거룩하다, 만군의 주"라고 고백할 것이다.

그때 모든 죽을 육체가 그의 얼굴을 두려움과 떨림으로 볼 것이다 (A Discourse, 39).

9.6.6.22. 멸망의 아들과 그의 사자들이 불에 던져짐

그 후 멸망의 아들 곧 고소자가 그의 귀신들과 종들과 함께 앞으로 끌어내져서 다 불로 넘겨질 것이다 (A Discourse, 40).

9.6.6.23. 히브리 백성이 그리스도가 육체로 오심을 볼 것임

그리스도는 히브리 백성에게 처음 육체로 오신 대로 보이실 것이다. 십자가에 못 박히신 것과 고난 받으신 것을 다 보이실 것이다. 히브리 백성은 그를 실재대로 보고 탄식하나 구원받을 수 없게 되어 영원한 형벌을 받는다 (A Discourse, 40).

모든 성도들이 상을 받고 나라를 상속받아 영원히 누린다 (A Discourse, 41. 42. 44).

9.6.6.24. 악인들은 영원한 불에

악인들은 마귀와 귀신들과 함께 영원한 불로 던져질 것이다. 악인들은 온갖 악행을 행하였기 때문이다 (A Discourse, 45. 46).

9.6.6.25. 심판 총회 해산

심판 총회가 해산된다. 의인들은 그리스도를 하나님으로, 창조주로, 주로 고백한 자들이다. 이들은 영생에 이르고 악인들은 영원한 형벌로 들어갈 것이다 (A Discourse, 38).

9.6.7. 락탄치우스 (Lactantius, 260-330)의 가르침

핍박받던 교회는 콘스탄티누스 대제의 통치를 지나며 안식을 누리고 핍박을 면하게 되었다. 그래서 천년왕국이 이미 실현된 것으로 여겨 천년왕국을 교회 기간 전체로 이해하게 되었다.

락탄치우스는 콘스탄티누스 대제 때 살았는데도 천년왕국과 두 번의 부활을 가르쳤다. 그는 영혼의 불멸에 천년왕국과 영원한 상벌을 근거시켰다.

9.6.7.1. 영혼의 불멸

락탄치우스는 영혼은 몸과 분리된 후에도 없어지지 않고 (Divinae Institutiones, VII, 9) 지각을 유지한다고 가르쳤다. 또 영혼의 불멸을 사람이 가지는 하나님 지식에다 근거시켰다. 그리고 경건 곧 종교만이 사람을 동물들과 구별시켜 주는 유일한 것이라고 보았다 (ibid).

락탄치우스는 사람만이 천상적이고 신적이어서 몸을 일으켜 세우고 얼굴을 위로 들고 자기의 기원과 조물주를 찾고 바라본다 (ibid)고 가르쳤다.

또 그는 사람이 덕을 가짐을 영혼의 불멸의 증거로 세웠다 (Divinae Institutiones, VII, 9, 10). 그리고 사람의 삶과 죽음 후에 영혼은 영생으로 일어날 것이라고 하였다. 영혼의 생명이 영원하기 때문이라는 (ibid, VII, 11) 것이다.

영혼은 지각을 갖고 몸의 병도 인식한다. 영혼은 의식 자체이고 생명이기 때문이다 (ibid, VII, 12). 그러므로 영혼은 해소되지 않는다고 가르쳤다.

사람은 하나님을 경배하기 위해서 창조되었으므로 하나님으로부터 불멸을 받았다 (ibid, VII, 13). 하나님 섬김에 대한 상급으로 영생을 주시기 때문이다. 그러면 섬김을 거부한 자들에게 지옥의 형벌을 주시는 것은 당연하다 (Divinae Institutiones, VII, 14).

9.6.7.2. 6일, 6,000년, 마지막 1,000년

락탄치우스는 하나님이 6일에 만물을 창조하셨으니 6세대 곧 6,000년이 지속할 것으로 보았다. 6,000년의 끝에 악이 소제되고 의가 천년을 지배할 것임을 강조한다.

또 6일에 사람이 조성된 것처럼 6,000년 동안 완전한 사람이 다스릴 것이라고 그는 주장한다.

세월의 끝에 하나님이 자기의 백성을 자연의 속박에서 풀어놓으시므로 의인들이 자유롭게 될 것이다 (Divinae Institutiones, VII, 14, 15).

9.6.7.3. 마지막 때의 상황

종말이 되면 의가 크게 줄어들고 불신 (不信), 탐욕, 욕망, 쾌락이 크게 늘어나게 되어 선한 사람들은 악인의 밥이 될 것이다. 사람들 가운데 믿음도 평화도 친절도 염치도 진리도 없게 될 것이다. 사방에 전쟁과 소요가 있을 것이다 (ibid, VII, 15).

도시들이 무너져서 망하고 끊임없는 지진과 물의 넘침이 있을 것이다. 그래도 마실 물이 넉넉하지 못하여 짐승이 땅에서 끊어질 것이다 (ibid, VII, 16).

해가 어두워지고 달이 색이 변하고 별들이 떨어질 것이다. 계절도 바뀌어서 겨울에도 여름이, 여름에도 겨울이 있을 것이다.

의를 알지 못하는 사람들에게 하나님이 진노하시므로 칼과 불과 굶주림과 질병이 창궐할 것이다. 인류 종족이 소멸되어 10분의 1 정도나 남게 될 것이다 (ibid, VII, 16).

9.6.7.4. 적그리스도의 나타남

이럴 때 거짓 선지자가 나타나 자신을 하나님이라고 하고 하나님의 아들로 경배하라고 명령할 것이다.

많은 사람들이 그를 믿고 그와 연합하여 표를 받을 것이다. 그의 표를 거부하는 사람들은 산으로 도망하거나 붙잡혀서 고문 받아 죽임을 당할 것이다. 그에게 권세가 주어져 세상을 42달 동안 황폐하게 할 것이다. 그리하여 의가 던져지고 순결함이 미움 받을 것이다 (ibid, VII, 17).

9.6.7.5. 하나님의 아들이 오심

세상 일이 이렇게 될 때 창조주 하나님은 자기의 아들을 보내신다 (ibid, VII, 18). 하나님의 빛이 하늘에서 번개처럼 온 세상에 나타날 것이다. 그는 구원자, 심판관, 보수자 (報讐者), 왕과 하나님으로 오실 것이다. 그가 그리스도이시다.

그가 내려오시기 전에 갑자기 하늘에서 칼이 떨어질 것이며 의인들은 이것을 보고 구원자가 거룩한 싸움의 지도자로 내려오시는 것을 깨닫게 된다. 그는 천사들의 무리와 함께 오시되 그의 앞에 꺼지지 않는 불이 나와 숲과 산을 멸할 것이다.

그러나 악한 자 곧 적그리스도는 피하면서 자신을 그리스도라고 주장할 것이다 (ibid, VII, 19).

9.6.7.6. 의인들이 먼저 부활: 천년 동안 의인의 교제

락탄치우스는 죽은 의인들이 부활하여 천년 동안 하나님과 함께 다스린다고 주장한다.

의인들은 영혼이 새로워진 몸으로 부활하지만 불의가 성할 때는 일어날 수 없다. 악이 성할 때 의인이 부활하면 불신자들이 신들을 섬기다가 참 하나님을 섬긴다고 할 것이기 때문이다. 그래서 락탄치우스는 악이 일단 제거된 다음에 의인들이 부활하는 것이 필요하다고 보았다. 부활한 자들은 죽음이 무효화되어 행복한 삶을 살 수 있게 되기 때문이라는 것이다 (Divinae Institutiones, VII, 22).

전능하신 하나님의 아들이 오셔서 산 자들과 죽은 자들을 심판하실 것이다. 그는 의인들을 부활시켜 천년 동안 그들과 교제하며 의로운 명령으로 사람들을 다스릴 것이다 (ibid, VII, 24).

9.6.7.7. 첫 심판: 의인들이 심판받음

그 후에 죽은 의인들이 부활할 것인데 하나님이 그들을 심판하실 것이다. 하나님을 섬기고 알았던 자들이 심판을 받는다. 그들의 행동들 곧 선한 행동과 악한 행동을 비교하여 선한 행동이 더 많고 우세하면 축복된 삶을 받게 될 것이다 (ibid, VII, 20).

아직 악인들은 심판을 받기 위해 살아나는 것이 아니다.

9.6.7.8. 공과를 따라 영생

영혼들은 얼마 동안 같은 자리에 갇혀 있다가 시간이 되면 대심판주가 그들의 공과를 살펴서 심판하실 것이다.

그들의 경건이 승인되면 불멸의 상급을 받을 것이다. 그들의 범행과 범죄가 밝혀지면 그들은 어둠 가운데 숨겨져 있다가 어느 정도 형벌을 받을 것이다 (ibid, VII, 21).

9.6.7.9. 천년 동안 다스림

락탄치우스는 부활한 의인들이 많은 자녀들을 생산할 것이라고 가르친다. 이 자손들이 거룩하여 하나님의 사랑을 받을 것이고 살아난 자들은 악인들을 다스릴 것이라고 주장한다.

반면 사탄은 모든 악의 고안자이므로 천년 동안 쇠사슬로 묶여 옥에 갇힐 것이다. 이때에 의가 온 세상을 지배할 것이다. 이 악마들의 왕자는 악을 고안하지 않을 것이다.

그리스도가 오신 후에는 의인들이 온 땅으로부터 모여지고 심판이 끝나면 거룩한 성이 땅의 가운데 세워질 것이다. 그 안에서 하나님은 의인들과 함께 거하며 다스리실 것이다. 어두움이 걷히고 달은 해와 같이 빛날 것이며 줄어들지 않을 것이다. 해는 지금보다 7배나 더 빛날 것이다 (ibid, VII, 23).

9.6.7.10. 넘치는 풍요와 평화

천년 동안 땅은 풍성한 과실들을 낼 것이다. 돌산은 꿀을 떨어뜨릴 것이고 포도주의 강이 흘러가며 강들이 우유로 넘치게 될 것이다. 세계가 악과 불신, 죄과와 오류의 지배에서 놓여나므로 기뻐하며 자연이 기뻐 뛸 것이다.

이 기간 내내 짐승들과 새들도 사냥물로 살지 않을 것이다. 사자들과 송아지들이 함께 먹으며 늑대와 개들이 먹잇감을 사냥하지 않고 매와 독수리도 해를 끼치지 않을 것이다. 어린아이들이 뱀들과 함께 놀 것이다.

불경한 종교들이 파괴되고 죄과가 억제됨으로 땅은 하나님에게 순종할 것이다. 민족들의 왕들이 선물과 예물을 가지고 와서 크신 왕을 경배하고 영화롭게 할 것이다. 그때에 그의 이름 앞에 모든 민족들이 다 경배할 것이다. 이렇게 평화가 온 세상을 지배한다 (ibid, VII, 24).

이 일이 6,000년 후 천년 기간에 일어난다 (ibid, VII, 25).

9.6.7.11. 악인들의 심판

악인들은 영원히 존속하는 몸으로 부활하므로 고문과 영원한 불을 감당할 수 있게 된다. 이 불은 하나님의 불이므로 그 자체로 살아 있고 다른 기름이 없어도 피어난다.

이 불이 악인들을 태우고 그들을 다시 형성할 것이다. 그러면서도 그 불은 영원히 계속될 것이다 (ibid, VII, 21).

9.6.7.12. 마지막 심판

세계의 7,000년이 끝날 때 악마들의 왕자가 옥에서 나와서 모든 민족들을 모아 거룩한 도성에 싸움을 걸고 그 도성을 둘러쌀 것이다.

하나님의 마지막 진노가 민족들을 완전히 멸하실 것이다. 하나님이 땅을 강력하게 흔들므로 언덕과 성들이 부서질 것이다. 하나님은 해의 열로 백성들을 태우시므로 온 산천이 시체들로 채워질 것이다.

악한 종족들은 다 멸망할 것이고 오직 하나님의 민족만 남을 것이다 (Divinae Institutiones, VII, 26).

9.6.7.13. 두 번째 부활에서 만민 부활

두 번째 보편부활에서 불의한 자들의 주 곧 사탄이 그의 종들과 함께 잡혀서 정죄되어 형벌을 받는다. 그들은 의인들과 천사들이 보는 앞에서 항속적인 불로 태움을 받을 것이다.

의인들은 안식과 생명과 밝음을 받을 것이다. 하늘의 보화를 영원한 상급으로 받아 누리게 된다 (Divinae Institutiones, VII, 26).

제7절 천년기론의 배척

오리게네스가 천년기론을 배척하기 시작하므로 동방교회는 천년왕국 사상에 별 관심이 없었다.

그 후 아우구스티누스가 "하나님의 나라는 먹는 것과 마시는 것이 아니요 오직 성령 안에서 의와 평강과 희락이라" (롬 14:17)는 말씀에 근거하여 감각적, 육체적 천년왕국을 전적으로 배척하였다.

9.7.1. 공교회의 종말 도식

콘스탄티노폴리스 공회의 (381AD)는 그의 나라는 끝이 없다는 교리적인 결정을 하므로, 그리스도의 다스림을 천년에 국한할 수 없다고 확정하였다. 콘스탄티노폴리스 공회의의 결정과 아우구스티누스의 가르침을 따라 공교회의 종말 도식이 확정되었다.

9.7.2. 아다나시오스 신경의 확정

아다나시오스 신경 (Symbolum Athanasianum, Symbolum Quicumque)에 의하면 주의 재림 때에 모든 사람이 몸으로 부활하여 그들의 행동들을 보고하고 선을 행한 사람들은 영생에 들어가고 악을 행한 사람들은 영원한 불에 들어간다. 이것이 가톨릭 신앙이다 (Ad cuius adventum omnes homines resurgere habent cum corporibus suis, et reddituri sunt de factis propriis rationem; et qui bona egerunt, ibunt in vitam aeternam, qui vero mala, in ignem aeternum. Haec est fides catholica). 이 신경은 공교회의 종말 도식대로 한 번 재림, 보편부활, 한 번 심판, 그 후 영생과 영벌의 도식만 인정한다.

그러나 선행과 악행을 심판의 기준으로 삼았다고 하는 것은 바른 제시가 아니다. 주 예수를 믿었느냐, 안 믿었느냐가 심판의 표준이라고 정했어야 할 것이었다.

9.7.3. 공교회의 종말 도식의 확정

공교회는 한 번 재림, 한 번 보편부활, 한 번 보편심판, 영원한 세계의 도식을 정당한 성경적인 바른 믿음으로 확정하였다. 이 도식이 고대교회의 신경들에 다 표현되어 있다.

공교회가 확정한 도식에 의해 천년기론이 이단적인 것으로 정죄되었다. 13세기에 플로리스의 요아킴 (Joachim of Floris)이 세계 역사를 성부시대, 성자시대, 성령시대로 구분하므로 천년기적인 사상의 색채를 띠게 되었다. 그러나 그의 사상은 교회의 표준적인 가르침을 바꿀 수는 없었다.

9.7.4. 개혁자들: 공교회의 종말 도식에 부착

루터와 루터파 신학자들은 죽은 자들이 부활하기 전에 의인들이 세상을 통치할 것이라는 사상을 유대주의자들의 의견이라고 정죄하였다 (Confessio Augustana, 17).

칼빈과 개혁교회도 공교회의 종말 도식을 그대로 따랐다. 불링거와 스위스의 개혁자들도 천년왕국 사상을 배척하고 다음과 같이 확정하였다. 그리스도는 다시 오셔서 적그리스도를 멸하시고 산 자들과 죽은 자들을 심판하시고 영원한 세계를 여시고 영생과 영벌을 주신다 (Confessio Helvetica Posterior, 11, 13).

개혁교회의 신경들 중에서 웨스트민스터 신경은 다음과 같이 종말에 관해서 진술한다.

한 번의 보편부활

마지막 날 살아 있는 자들은 죽지 않고 변화될 것이고 모든 죽은 자들이 같은 몸으로 일으켜져서 질은 달라졌어도 그들의 영혼과 영원히 연합한다. 불의한 자들의 몸은 그리스도의 권세에 의해 치욕으로 살려지나, 의인들의 몸은 성령에 의해 영광으로 살려져서 그의 영광스런 몸과 같이 된다 (Confessio Fidei Westmonasteriensis, XXXII, II. III).

한 번의 보편심판, 영원세계

하나님이 한 날을 지목하시고 그날에 예수 그리스도로 세상을 의로 심판하실 것이다. 그날에 배도한 천사들이 심판을 받을 뿐 아니라 땅 위에 살았던 모든 사람들이 하나님의 심판대 앞에 나타나 그들의 생각과 말과 행동을 직고할 것이다. 그리고 몸으로 선악 간에 행한 대로 받을 것이다 (XXXIII, II).

9.7.5. 16세기 광신파가 천년왕국 세움

종교개혁 때 재세례파가 천년왕국 사상을 받아들였다. 그리하여 뮌스터의 로마주교를 쫓아내고 천년왕국을 세웠다. 얀 보켈손 (Jan Bockelson)을 왕으로 세우고 밤마다 횃불을 켜고 나체 춤을 추었다.

그러나 뮌스터의 주교가 군대를 동원하여 이들을 대대적으로 살해하므로 재세례파는 동쪽 유럽 지역으로 도피하였다. 따라서 천년왕국 사상은 시들었다.

그러나 17세기에 천년왕국 사상이 다시 살아났다. 또 19세기 초엽에 영국 플리머쓰 형제단 (Plymouth Brethren)은 7세대론적 성경해석 원리로 천년왕국 사상을 다시 세웠다.

제8절 세대론적 천년왕국 사상 (Dispensationalism) 비판

9.8.1. 천년왕국 사상 비판

9.8.1.1. 유대인을 위한 천년 메시아 왕국이 세대론의 중심점

세대론적 천년왕국 사상의 핵심은 지상에 유대인을 위한 메시아 왕국을 세우는 것이다. 세대론은 그리스도가 다시 오셔서 유대인을 위해 지상의 메시아 왕국을 세우고 천 년간 유대인들이 왕 노릇하게 한다는 가르침이다.

이것은 전혀 그릇된 가르침이다.

하나님은 유대인을 높이 들어 세상 나라들 위에 왕 노릇하게 하기 위해서 역사를 섭리하신 것이 아니다. 하나님의 섭리는 온 인류를 그리스도의 피로 자기의 백성으로 돌이키시는 것이다. 세계를 구원하시려는 하나님의 경륜에 이스라엘은 도구로 선택되었다.

9.8.1.2. 세대론적 천년기론은 하나님의 창조경륜과 전적으로 배치됨

하나님은 아담과 언약을 세워 자기의 백성으로 삼으셨다. 그리하여 그들 가운데 거하시며 찬양과 경배를 받으시기를 목표하셨다. 이것이 하나님의 창조경륜이다.

하나님은 이 경륜을 이루시기 위해 역사를 진행하셨다. 하나님은 구주가 세상에 오시는 통로로 이스라엘을 택하셨을 뿐이다. 그리스도가 오셔서 세상 구속을 이루시므로 이스라엘은 그 존재 목적을 다 하였다. 그리하여 하나님은 이스라엘을 멸하시고 흩으셨다. 남은 이스라엘 혹은 유대인들은 주 예수를 믿어 하나님의 백성으로 편입된다. 구원경륜이 다 성취되면 주의 재림과 심판과 영원세계가 전개된다.

그러므로 유대인들을 위한 천년왕국은 세워질 수가 없다. 그런 천년왕국 사상은 하나님의 창조경륜과 구원경륜에 전적으로 배치된다.

9.8.1.3. 하나님은 그리스도의 피로 반역자들을 백성으로 돌이키심

인류의 반역으로 경륜의 성취가 중단되었다. 하나님은 인류의 반역의 죗값을 자신이 치르심으로 반역자들을 다시 자기의 백성으로 돌이키기로 하셨다. 하나님이 친히 이 일을 이루셨다.

하나님의 아들이 육신을 입으시고 죗값을 지불하셨다. 그리하여 범죄한 백성을 다시 하나님의 백성으로 돌이켜 그들 가운데 거하시며 찬양과 경배를 받으시기를 기뻐하셨다.

9.8.1.4. 마지막 날 하나님이 만유 안에 만유가 되심

하나님은 아들의 피로 구속받은 백성들을 교회로 모으셨다. 그리고 그들 가운데 거하시며 찬양과 경배를 받으신다.

마지막 날 모든 백성들을 모아 한 백성으로 만드시며 하나님이 그들 가운데 충만히 거주하시므로 만유 안에 만유가 되실 것이다.

9.8.1.5. 이스라엘은 하나님의 세상 구속의 도구로 택해짐

본래 하나님은 이스라엘을 그 자체로 목표하신 것이 아니다. 하나님이 사람의 몸을 입고 오시는 통로로 이스라엘을 택하셨다. 이 일을 위해서 아브라함을 택하시고 그를 한 민족으로 만드셨다.

또 세상을 구원하는 방식이 속죄제사임을 알게 하기 위해 그 민족에게 속죄제사의 법이 가르쳐지고 행해지게 하셨다. 구약의 피 제사는 속죄제사의 방식으로 세상의 구속이 이루어질 것임을 알리는 예표이고 가르침이다.

이스라엘에서 드려진 속죄제사는 그리스도의 구속사역을 미리 알리기 위해서 세워졌다. 그러므로 구약제사는 속죄와 구속을 이루는 것이 아니다 (히 9:7-10:14).

속죄와 구속은 오직 하나님의 아들 그리스도의 피로만 이루어진다 (히 10:10-14).

때가 차매 하나님이 아들을 보내시어 그가 정하신 법대로 십자가에서 피 흘려 죗값을 치르심으로 세상을 완전히 구속하셨다 (갈 4:4-6). 그리고 그리스도의 피로 구속받은 백성들을 모아 교회로 세우셨다.

9.8.1.6. 그리스도의 강생과 구속사역으로 이스라엘은 존재 목적을 다함

이스라엘은 하나님의 구속사역에 도구로 세워졌으므로 그리스도의 강생과 십자가의 구속사역으로 그 존재 목적을 다하였다. 따라서 더 이상 이스라엘이 민족적 단위로 있을 필요가 없어졌다. 그리하여 하나님은 로마 디도 장군의 손으로 성전을 헐어내리시고 민족을 멸하시고 흩으셨다.

하나님은 이스라엘을 위해서 땅 위에 메시아 왕국을 세우지 않으신다. 이스라엘을 세계 만백성 위에 왕 노릇하도록 하는 일은 하나님의 경륜에 없다.

9.8.1.7. 피 제사의 복귀는 하나님의 구원경륜을 전적으로 파괴함임

예루살렘에 메시아 왕국이 세워져서 구약의 피 제사가 복귀된다는 세대론의 주장은 하나님의 구원경륜을 전면으로 허는 것이다.

만일 피 제사가 복귀되는 천년왕국이 세워진다면, 그것은 적그리스도 세력이 세우는 왕국일 것이다. 적그리스도 세력은 사탄에게 제사하도록 피 제사를 회복할 것이다. 적그리스도 세력은 피 제사를 복귀하기 위해 돌로 된 예루살렘 성전을 다시 세울 것이다.

그리스도는 자기의 구속사역을 부정하는 천년왕국을 결코 세우시지 않는다.

제9절 세대론 천년왕국 사상은 딸비와 스코필드에 의해 세워짐

19세기 초엽에 존 딸비 (John Nelson Darby, 1800-1882)가 영국 플리머스 형제단 (Plymouth Brethren)에 가담하였다.

딸비는 성경의 새로운 해석법으로 하나님의 역사 섭리를 7세대로 나누고 세대별로 구원 얻는 원리를 세웠다. 그리하여 세대론적 천년왕국 사상 (Dispensationalism)이 생겨났다.

스코필드 (Syrus Ingerson Scofield, 1843-1921)가 관주성경 (Scofield Reference Bible)을 만들어 7세대를 새겨 넣으므로 세대주의가 미국 복음주의 교회에 정착하였다.

9.9.1. 7세대 (The Seven Dispensations)

딸비는 인류의 역사를 7세대 (dispensations)로 구분하고 세대마다 각각 다른 시험과 구원 원리를 세웠다.

9.9.1.1. 7세대 구분

1. 무흠 (Innocence) 세대: 낙원 세대
아담과 하와의 창조에서 타락까지; 선악과계명으로 구원 얻음.
2. 양심 (Conscience) 세대
타락에서 홍수 때까지: 양심의 선악지식이 사람의 지표가 됨.
3. 인간통치 (Human Government) 세대

홍수에서 아브라함을 부르심까지: 니므롯이 세상을 다스린 이후에 정부의 통치에 잘 순종하므로 구원 얻음.

4. 약속 (Promise) 세대

아브라함의 소명에서 시내산에서 율법을 주시기까지:

아브라함, 이삭과 야곱에게 특별한 약속을 주심: 땅과 자손의 약속. 약속에 굳게 매임으로 구원 얻음.

5. 율법 (Law) 세대

시내산에서 율법 주심부터 그리스도의 공생애까지: 율법을 잘 지킴으로 구원 얻음.

6. 은혜 (Grace) 세대

그리스도의 공생애 끝부터서 재림까지: 교회시대는 은혜로만 산다. 예수 믿음으로 구원 얻음을 결정함.

7. 왕국 (the Kingdom-the Millennium) 세대

그리스도의 재림부터 지상 천년왕국 기간: 산상수훈으로 삶.

9.9.1.2. 7세대와 일곱 번 시취(試取) 원리는 전적으로 부당

7세대와 일곱 번 시험으로 구원받는다는 원리는 전혀 성경적이 아니다. 하나님이 세상을 구원하시는 일에 시대마다 실패하셔서 새 세대에는 새로운 시험과 구원 원리를 세우셨다는 주장은 도저히 용납할 수 없는 일이다. 그것은 바로 하나님의 구원섭리를 근본에서 허는 가정이고 억설이다.

구약의 족장들과 선지자들도 다 주 예수 그리스도를 믿는 믿음으로 구원에 이르렀다 (요 8:56; 히 11:40). 이외에 다른 구원의 길은 없다.

9.9.2. 세대론자들의 주장: 초림의 목적; 다윗왕국 회복

세대론자들은 주 예수가 초림 때 다윗왕국을 세우려고 오셨다고 주장한다. 그들의 주장은 다음과 같다.

9.9.2.1. 다윗왕국 회복을 위해서 그리스도가 오심

세대론자들에 의하면 주 예수는 세상을 구원하기 위해서가 아니라 다윗왕국을 회복하기 위해서 오셨다. 그런데 유대인들이 주 예수 그리스도를 자기들의 왕으로 받지 않았으므로 나라를 세울 수 없어서 대신 교회라는 간주곡을 세웠다고 주장한다.

그들의 주장에 의하면 그리스도가 재림해서 예루살렘에 메시아 왕국을 세우실 것이라고 한다.

9.9.2.2. 그리스도의 초림의 목적: 왕국 회복 아님; 백성을 구원하여 창조경륜을 이루기 위해 오심

하나님의 구원경륜을 따라 예수 그리스도는 피 흘려 세상을 구원하기 위해서 오셨다. 하나님의 구원경륜에 유대인들을 위해서 땅 위에 메시아 왕국을 세우는 것은 들어 있지 않다.

9.9.2.3. 다윗의 장막 회복의 본뜻: 이방인을 교회에 받아들임임

사도 공회의에서 야고보는 다윗의 무너진 장막을 다시 세우는 것을 이방인들이 주 예수를 믿는 것으로 확정하였다 (행 15:14-17). 다윗의 무너진 장막을 다시 세우는 것은 지상 다윗왕국을 세우는 것이 아니라 이방인들이 주 예수를 믿어 하나님의 백성이 되는 것이다.

9.9.3. 세대론자들의 주장: 7년 환란과 환란 전 휴거

세대론자들은 다니엘서에 나오는 70주간을 계산한다. 70째 주간을 7년으로 치고 그 기간이 환란의 기간이라고 한다.

9.9.3.1. 7년 환란 전 성도 휴거

세대론자들에 의하면 7년 환란 기간 전에 성도들이 휴거되어 공중에서 혼인잔치를 벌인다. 이 기간에 땅 위에는 대 혼란이 일어나서 대 환란의 때라고 한다.

7년 환란은 적그리스도가 일으키는 것이므로 하나님의 진노로 생긴 것이 아니다. 따라서 성도들은 이 환란을 당할 필요가 없어서 공중으로 휴거되어 올라간다. 주님이 땅에 오시기 전에 몰래 공중에 오셔서 성도들을 환란 당하지 않게 하신다는 것이다.

그러나 세대론자들은 환란 전 휴거, 환란 중 휴거, 환란 후 휴거 세 갈래로 나누지만 환란 전 휴거가 가장 강한 지지를 얻는 것으로 보인다.

9.9.3.2. 7년 환란은 성경에 없음

성경 어디에도 주님께서 다시 오시기 직전에 7년 대대적인 환란을 당한다는 기록은 없다.

그리스도인의 삶은 계속적으로 핍박과 환란을 당하는 삶이다. 주님이 마 23, 24장에 예언하신 환란은 예루살렘 멸망과 그때 당한 환란을 말한다 (마 23:37-39; 24:15-28). 이런 처참한 환란은 인류역사상 다시없는 일이었다. 이런 환란이 주님 다시 오시기 직전에 일어난다는 제시는 성경 어디에도 없다.

세대론자들은 주의 재림 직전의 환란은 적그리스도에 의해서 이루어진다고 주장한다.

바울은 멸망의 아들 곧 불법한 자, 대적자가 나타날 것을 말하였다 (살후 2:1-12). 주의 재림 직전에 적그리스도에 의해서 그리스도인들이 큰 환란과 핍박을 받을 것은 확실하다 (계 13:4-8). 그리스도 자신도 재림 직전에 큰 환란이 있을 것을 말씀하셨다 (마 24:21-29). 그러나 7년 환란으로는 말씀하지 않으셨다. 성경 전체에서 7년 환란은 제시되지 않았다.

9.9.3.3. 휴거는 주님이 성도들을 끌어올려 주님을 맞게 하심임

세대론자들의 주장에 의하면 주님이 몰래 공중에 오셔서 성도들을 끌어올려 공중에서 혼인잔치를 한다. 성도들이 공중으로 휴거되어 주님과 혼인잔치를 즐거워할 때 땅에서는 큰 환란이 일어난다. 그리고 7년 환란이 지나면 그리스도가 땅으로 재림하신다고 한다.

또 이들은 주장하기를 주님이 몰래 공중에 오시고 그 다음 땅에 오신다고 하여 두 단계의 재림을 말한다. 이런 것은 성경에 전혀 없다. 단지 사변으로 만들어낸 것일 뿐이다.

휴거는 주님이 오실 때 그의 권능으로 부활한 성도들과 살아 있는 성도들을 끌어올려 자기를 맞게 하시는 일이다. 주님은 온 세상이 다 알도록 오셔서 성도들로 자기를 맞게 하신다고 말씀하셨다 (마 24:29-31; 막 13:24-27; 눅 21:25-27).

9.9.3.4. 혼인잔치는 새 인류와 하나님의 친숙한 연합을 말함

계시록에 있는 어린양의 혼인잔치는 마지막 날 구원이 다 성취되었을 때에 하나님이 그리스도의 몸으로 새 인류와 가장 친숙한 연합을 하게 되는 것을 말한다 (계 19:7-9).

따라서 땅에 오시기 전에 공중에서의 혼인잔치는 성립하지 않는다.

9.9.3.5. 주의 재림은 한 번이고 모든 사람이 다 알게 됨

주의 재림은 번개가 나서 동에서 서에까지 이름과 같다. 곧 번개 치는 것을 볼 때 모든 사람들이 그것을 보고 안다.

마찬가지로 주님이 오시면 세상 모든 사람들이 주님 오심을 다 알게 된다 (마 24:27). 공중에 몰래 오시는 것은 성경 어디에도 없다.

주의 날이 도적 같이 임한다는 것은 그날을 아무도 모른다는 뜻이다 (살전 5:2-5). 땅 위에 사는 사람은 아무도 주의 다시 오심의 날을 알지 못한다. 그러나 성도들은 주님 오실 때를 예측할 수 있다고 하였다 (살전 5:4-5).

9.9.4. 적그리스도와 아마겟돈 전쟁

9.9.4.1. 세대론: 재림주 그리스도는 유대인들을 몰살하려는 적그리스도를 죽임

세대론자들에 의하면 적그리스도의 왕국은 열 나라를 포함하는데 (단 7:7, 20), 유럽 중남부와 서아시아와 북아프리카와 영국에 걸쳐 전개된다. 이 왕이 아주 강하므로 팔레스타인의 유대인들이 그와 언약을 맺을 것이다. 그러나 언약체결 후 3년 반에 적그리스도가 유대인들과 맺은 언약을 파기하고 그들을 사납게 핍박할 것이다.

유대인들이 예루살렘에 갇혀 거의 삼키게 될 것이다. 그때 그리스도가 오셔서 적그리스도와 그의 군대를 아마겟돈 전쟁에서 멸하실 것이다. 그리고 유대인들을 구출해내시고 천년왕국을 세우실 것이라고 한다.

9.9.4.2. 이 주장의 허구

지금 지구상에 살고 있는 유대인들 대부분은 자칭 유대인들이고 아브라함과 이삭과 야곱의 후손들이 전혀 아니다 (계 2:9; 3:9). 거짓 유대인들을 구출하기 위해서 그리스도가 재림하신다는 것은 어불성설이다.

그러므로 이들을 구출하기 위해서 그리스도가 적그리스도 세력과 아마겟돈 전쟁을 치르신다는 것도 성립할 수 없다 (계 16:14-16). 그리스도가 다시 오셔서 역사를 끝내실 때 그의 신적 권세와 엄위로 대적들을 멸하시는 것이지, 물리적 전쟁으로 적그리스도 세력들을 멸하시는 것이 아니다.

9.9.4.3. 그리스도는 유대인 왕국 설립이 아니라 구원의 완성을 위해서 다시 오심

유대인들을 구출하기 위해서 그리스도가 오신다는 주장은 전적으로 성경적 근거가 없다. 그리스도가 재림하셔서 믿지 않는 유대인들을 구출하여 천년왕국을 세우시는 일은 성립하지 않는다.

더구나 그리스도가 아마겟돈 전쟁에서 유대인들을 구출하는 일은 성경 어디에도 밝혀지지 않았다.

그리스도는 다시 오셔서 자기가 이룩한 구원을 완성하신다.

9.9.4.4. 요한의 적그리스도들은 신학적 적그리스도

적그리스도로 지목된 자는 요한서신에 처음 나온다. 요일 2:18-19, 22; 4:3; 요이 7 네 곳에 나오는 적그리스도는 그리스도인 배도자들을 뜻한다. 이들은 사도 요한이 책망한 대로 1세기 신학적 대적자들이다. 곧 그리스도의 신성을 부인하고 성육신을 부인한 자들이었다. 그런 적그리스도는 많을 것이다.

따라서 절대적 세상 권세를 가진 존재자가 아님이 분명하다.

9.9.4.5. 적그리스도: 불법의 사람, 죄의 사람; 자기를 신으로

바울은 적그리스도를 불법의 사람, 죄의 사람으로 지목하였다 (살후 2:3-12). 이 불법의 사람은 자기를 하나님으로 높이고 숭배를 받는 자이다. 이 일이 사탄의 역사로 이루어질 것이라고 바울이 강조한다 (살후 2:9). 그리스도가 재림하실 때 그를 죽이실 것이다 (살후 2:8).

그러면 이 적그리스도는 그리스도가 다시 오시기 직전에 일어날 것이 분명하다.

9.9.4.6. 적그리스도가 자신을 하나님으로 섬기도록 할 것임

적그리스도는 하나님 섬김을 배척하고 자기를 하나님으로 섬기도록 하므로 불법의 사람이요 죄의 사람임이 분명하다.

그렇게 자신을 하나님으로 경배하도록 할 존재는 거의 절대적인 정치적 권세를 가지지 않으면 안 될 것이다. 이런 존재는 그리스도가 다시 오실 때 죽이실 것이 밝혀졌다 (살후 2:8).

제10절 천년왕국 설립과 피 제사의 복귀 문제

9.10.1. 넘치는 생산과 평화의 천년왕국

세대론자들은 주장하기를 그리스도가 재림하여 천년왕국을 세우되 예루살렘을 수도로 정한다. 그들은 이것이 이스라엘이 오래도록 바라고 기다린 메시아 왕국이라고 한다.

이때 넘치는 생산이 이루어지고 사람들이 오래 살게 된다. 풍요와 평화가 넘쳐나는 천년의 지복의 때가 계속된다. 곧 낙원에서 선언된 저주가 거두어지므로 평화의 세상이 된다는 것이다.

그리스도는 철장으로 온 세상을 다스리시므로 악이 극도로 제약되어 평화가 넘쳐난다는 것이다.

9.10.2. 악인들이 신적 통치를 하는 그리스도 앞에서 산다는 것이 가능한가?

세대론자들에 의하면 그리스도의 통치와 악의 제재에도 불구하고 대부분의 이방인들은 악인으로 남아 있다. 그리스도가 직접적 신적 통치를 하시는데도 악인들은 그 앞에서 잘 살고 번창한다. 신적 통치를 하는 그리스도 앞에 악인들이 살아남을 수 있는가?

그뿐만 아니라 이방인들은 육체로 살면서 많은 자녀들을 생산한다. 넘치는 생산이 이루어지므로 헤아릴 수 없는 악인들이 출산하게 된다.

9.10.3. 논박

그리스도가 직접적인 신적 통치를 하시는데도 악인들이 아무 해를 입지 않고 죽지도 않고 잘 산다는 것은 어불성설이다. 악인은 하나님 앞에 결코 설 수도 없고 생존할 수도 없다.

9.10.4. 유대인들이 세계 지배: 그리스도인들은 2등 시민

세대론자들의 주장에 의하면 많은 유대인들이 그리스도의 직접적인 다스림을 보고 대대적으로 그리스도에게로 돌아와 그와 함께 온 세상을 다스린다는 것이다. 돌아온 유대인 144,000명이 왕국복음을 전파한다. 이 복음은 은혜의 복음, 십자가의 복음이 아니라 왕국복음이다. 왕국복음의 핵심은 산상수훈이다.

세대론 천년기론자들에 의하면 부활한 그리스도인들은 영체가 되어 하늘에 있거나 2등 시민으로 산다.

9.10.5. 하나님의 구원경륜: 온 인류 구원; 유대인의 왕국 아님

세대론에 의하면 하나님은 언제나 유대인들의 나라 회복과 영광을 위해서 일하셨으므로, 그리스도가 재림하여 다윗왕국을 세워 이스라엘로 온 세계 민족들을 다스리게 한다는 것이다.

그러나 유대인들 혹은 이스라엘은 하나님의 구원의 도구와 통로로 선택되고 만들어졌다. 그러므로 이스라엘은 그리스도의 출생과 구속사역으로 그 존재 목적을 다 이루었다.

따라서 그들은 그리스도의 구속사역 후에는 민족적으로 존속할 필요가 없어졌으므로 많은 백성이 멸망당했고 나머지는 이스라엘 밖으로 흩어졌다. 지금 살아남아 있는 참 유대인들은 극소수에 불과하다.

그리고 구속사역이 완성되었으므로 하나님은 성전과 제사제도를 완전히 파괴하셨다. 예루살렘의 멸망 때 이것이 다 성취되었다.

그 이후에는 복음이 이방인들에게 선포되어 교회가 되었다. 이 교회가 구원받은 하나님의 백성이다. 하나님의 구원섭리의 목표는 온 인류를 구원하여 하나님의 백성으로 삼으셔서 창조경륜을 이루시는 것이다.

따라서 유대인들로 하여금 세계만방 위에 왕 노릇하도록 천년왕국을 세우는 것은 결코 일어나지 않는다.

9.10.6. 피 제사의 복귀

세대론자들의 주장에 따르면 그리스도가 천년왕국을 세워 다스릴 때 구약의 모든 제사제도가 다 회복된다. 회복된 제사는 번제, 속죄제사, 속건제사, 소제, 아침제사 등이다. 절기들도 다 회복된다.

이 주장의 요점은 구속을 완성하신 그리스도가 천년왕국 기간에 다시 구약의 피 제사를 회복한다는 것이다. 또 군주가 대표적 제사를 드린다고 한다.

그리스도가 십자가에서 피 흘리심으로 완전한 속죄제사를 이루셨는데 또 자기 제사를 기념하는 다른 제사를 드린다는 것이 성립할 수 있는가? 또 피 제사의 회복을 위해 성전이 다시 세워져야 한다고 한다.

그리스도의 속죄제사가 완성되었으므로 하나님이 성전을 허셨는데, 성전을 다시 세운다는 것이 말이 되는가? 그리스도가 성전을 세우는 일은 전적으로 불가하고 성립할 수 없는 일이다.

적그리스도 세력이 그들의 통치를 정당화하기 위해서 예루살렘에 성전을 세울 개연성이 높다고 할 것이다.

9.10.7. 피 제사의 복귀 주장은 그리스도의 구속사역을 전적으로 허는 것임

그리스도는 피 흘려 모든 백성들의 죄를 속량하셨다. 구약의 피 제사는 모두 그리스도의 완전한 속죄사역을 지시하고 가르치는 모형일 뿐이었다.

따라서 그리스도의 구속사역이 성취되므로 성전제사가 다 폐해지고 끊어졌다. 하나님이 물리적인 힘으로 성전과 제사장들과 제사를 다 헐어내리셨다. 또 제사장들도 다 살해되었다.

그리고 하나님은 대부분의 유대인들을 소제하셨을 뿐 아니라 남아 있는 자들을 이방세계로 흩으셨다. 성전제사가 다시 계속될 수 없게 하셨다.

남은 유대인들이 주 예수를 믿어 그리스도의 교회에 편입되었다. 이로써 하나님의 구원경륜이 완전히 성취되었다. 그리스도가 구속사역을 완수하셔서 세상 구속을 다 이루셨기 때문이다. 히브리서는 구약의 피 제사가 전적으로 무익하므로 폐하였다고 선언하였다 (히 7:18-24; 8:5-13; 9:9-12; 10:4-12).

구약의 피 제사를 회복한다는 것은 그리스도의 구속사역이 임시적이고 잠정적인 속죄사역이어서 궁극적이 되지 못한다는 것을 뜻한다. 다시 말하면 그리스도의 구속사역은 헛것이었다는 것을 뜻한다.

이것은 하나님의 구원경륜을 근본에서 허는 것을 말한다. 그리하여 하나님이 아브라함 때부터 2,000년 이상 준비하셔서 이룩하신 구원이 결국은 가짜라는 것밖에 되지 않는다. 결국 하나님은 역사에서 헛일을 하신 것이 된다.

구약의 피 제사를 회복한다는 것은 그리스도의 구속사역을 헐어내리기 위한 사탄의 꾀일 뿐이다.

피 제사를 회복하는 천년왕국은 그리스도의 재림 전에 적그리스도 세력에 의해서 세워질 수 있다고 가상(假想)할 수 있다.

9.10.8. 사탄이 놓여나고 천년왕국이 끝남의 문제

세대론에 의하면 천년이 차면 사탄이 옥에서 놓여나 온 땅의 백성들 곧 곡과 마곡을 모아 그리스도의 통치를 대적한다. 이 백성은 천년기간 동안 태어난 자들이다. 그러나 죄 있는 본성으로 태어났으므로 반역을 일으킨다.

이들이 예루살렘 성을 에워싸므로 하늘에서 불이 내려와 그들을 태워 땅을 완전히 깨끗하게 한다. 이로써 천년왕국이 끝이 난다.

9.10.9. 피조물의 손으로 신적 통치를 마감함은 불가능한 일

천년왕국론자들에 의하면 천년 동안 그리스도가 땅에서 직접 다스리신다. 그리스도가 직접적으로 다스리는 것은 신적 통치를 하는 것을 말한다.

그런데 악한 백성들이 손을 들어 그리스도를 대적하여 그의 나라를 멸하려고 예루살렘을 에워싼다. 그러므로 그리스도가 불로 그들을 멸하시므로 천년왕국이 끝이 난다는 것이다.

어찌 사탄과 악한 백성이 신적 통치를 하시는 그리스도를 대적하여 그의 나라를 끝낼 수 있는가? 이것이 뜻하는 것은 피조물이 전능한 창조주를 능가한다는 것이다. 이것은 도저히 불가한 억설이다.

역사의 끝에 사탄과 온 백성이 예루살렘 성을 둘러싸서 멸하려고 하는 것은 교회를 박멸하려고 하는 시도를 말한다. 곡과 마곡은 그리스도를 믿지 않는 이방백성 전체를 지시한다.

믿지 않는 자들이 사탄과 함께 영원한 불못에 던져짐을 하늘에서 불이 내려와 그들을 사름으로 말하고 있다 (계 20:9-10).

만일 그리스도가 땅 위에 천년왕국을 세우고 직접 다스리신다면 그 나라를 멸할 피조물은 존재하지 않는다.

9.10.10. 계 20장의 천년은 땅 위의 메시아 왕국이 결코 아님

성도들의 천년 통치는 교회 기간 통치이다. 베임 받은 자들의 영혼이 살아서라고 하므로 아직 부활하지 않았다는 것을 밝힌다 (계 20:4-5).

그들이 살아서 그리스도로 더불어 천년 동안 왕 노릇하는 것은 그들의 영혼이 하나님의 보좌 앞에서 살면서 왕 노릇하는 것을 말한다. 그들은 교회 기간에 그리스도의 통치에 동참하고 있다 (계 20:6).

제11절 결론

9.11.1. 천년왕국 설립은 불가한 일

하나님은 예수 그리스도로 세상을 구원하여 자기의 백성으로 굳게 세우셨다. 그리스도의 피로 구원받은 백성은 하나님이 창조경륜에서 목표하신 자기의 백성의 회복이다. 유대인들도 주 예수를 믿어 하나님의 백성으로 회복되었다. 이로써 하나님은 자기의 역사 섭리를 다 성취하셨다.

하나님의 역사 섭리의 목표는 온 인류를 구원하여 자기 백성을 삼는 것이고 유대인의 왕국 설립이 결코 아니다.

9.11.2. 천년왕국은 재림 전에 적그리스도 세력이 세울 것임

만일 다윗왕국이 세워진다는 것을 가정한다면 그것은 적그리스도 세력이 주의 재림 전에 세울 것이다. 적그리스도 세력이 다윗왕국이란 이름으로 나라를 세우고 사탄에게 피 제사를 하도록 강요할 것이다. 이런 기도(企圖)는 충분히 가능하고 실현성이 높다.

적그리스도 세력이 세계단일정부를 세우면 통화(通貨)가 하나로 통일될 것이다. 그러면 적그리스도를 섬기지 않는 사람들은 사고파는 것을 못하게 하여 생존을 불가능하게 할 것이 확실하다 (계 13:17). 이때 그리스도인들이 당하는 핍박이 얼마나 가혹할지를 보여준다.

9.11.3. 유대인을 위한 천년왕국은 불가

첫째로 이스라엘은 하나님의 세상 구원을 목표하여 선택되고 조성된 도구이고 통로이다.

그러므로 이스라엘은 그리스도의 강생과 구속사역으로 그 존재 목적을 다 이루었다. 더 이상 하나의 민족적 단위로 존속할 필요가 없다. 따라서 다 멸절되고 남은 자들은 이방세계로 흩어졌다. 현존하는 유대인들은 가짜 유대인들인데 (계 2:9; 3:9) 이스라엘이란 국가를 세우고 민족적 단위로 존립하고 있다.

둘째로 그리스도는 이스라엘이 나라를 빼앗길 것을 확증하셨다 (마 8:12). 이스라엘은 그리스도의 구속사역을 배척하므로 하나님 나라의 백성으로서의 모든 존재 권리를 빼앗겼다.

"너희는 너희 아비 마귀에게서 났으니 너희 아비의 욕심을 너희도 행하고자 하느니라" (요 8:44). 마귀의 자식들을 위해서 마지막 때에 천년왕국을 세워주는 것은 전적으로 불가하다.

앞으로 세워질 세계단일정부는 적그리스도 세력이 세우고 유대인들이라고 하는 자들이 전 세계를 다스릴 것은 확실하다. 구약의 피 제사를 복귀하고 구약의 모든 절기들을 회복할 것은 정해진 일로 보인다. 유대인들이 일등 시민으로 세계를 다스릴 것이므로 세대론자들이 꿈꾸어온 대로 이루어질 것은 분명하다. 그것을 다윗의 메시아왕국이라고 주장할 것이다.

그러나 그리스도가 재림하시면 적그리스도가 멸해지고 그의 나라가 망할 것이다. 그들은 불못에 던져져서 영원한 형벌을 받을 것이다.

주 예수를 믿는 자들은 모진 핍박과 박해를 이겨내고 부활시 변화되어 부활한 성도들과 함께 영원히 하나님을 찬양하고 경배하는 삶을 계속할 것이다.

성경 색인

구약

참조	쪽
창 1:1	52
창 1:1-30	149
창 1:3-5	52
창 1:26-27	32, 155
창 1:26, 28; 2:15; 4:26	33
창 1:26, 28; 2:15, 19-20	147
창 1:27	33
창 1:28	139
창 1:28; 2:15	34
창 1:28; 2:19-20	35
창 2:17	33, 36, 38, 52, 149, 155, 156, 163
창 2:17; 3:17-19	166
창 2:19	34
창 2:19-20	34, 147, 149
창 2:22-24; 4:1-2, 17-26	33
창 3:1	35
창 3:1-5	35
창 3:1-7	149
창 3:4-5	36
창 3:4-6	149, 168
창 3:4-7	149
창 3:6	36, 37
창 3:6-7	37
창 3:15	38, 39, 40, 166, 168
창 3:15-16	39
창 3:15-19	168
창 3:17	37, 147, 157
창 3:17-19	35, 37, 149, 156, 159
창 3:19	37
창 3:22-24	149
창 3:23	37
창 3:24; 6:3	163
창 6:3	33, 140, 142, 158, 162, 163
창 12:1-2	40
창 13:14-16	40
창 22:16-18	40
창 46:3	40
출 6:7; 19:6	32
출 14:31	40
출 19:3-24:18	141
출 25:8; 25:1-27:21; 35:10-38:31	141
출 40:34-35	141
레 17:11	40, 41
레 26:12	32
신 4:20; 7:6; 14:2; 29:13; 32:9	32
수 24:18; 21-22, 25	32
왕상 8:10-11	141
왕상 8:10-11; 6:1-38; 7:13-8:21	141
왕하 11:17	32
시 106:48	32
사 11:6	215
사 43:21	32
사 65:17	220
사 65:25	159
렘 7:23; 11:4; 24:7; 30:22; 31:33	32
겔 11:20; 14:11; 36:28; 37:27	32
단 7:7, 20	256
호 2:23	32
암 9:11	212
슥 8:8	32

신약

마 5:11-12	153
마 8:12	266
마 16:27	127
마 22:30	185
마 22:37	155
마 23:37-39; 24:15-28	254
마 24:4-5	79
마 24:4-14; 29-36	61
마 24:4-27	120
마 24:5-12	99
마 24:5, 23-24	62
마 24:5-28	93
마 24:6	99
마 24:9, 21, 29	62
마 24:14; 28:19	62
마 24:21	96, 101
마 24:21-29	254
마 24:22	96, 101
마 24:27	124, 255
마 24:29	63, 102, 114
마 24:29-30	138
마 24:29-31	255
마 24:30-31	124
마 24:31	124
마 24:35	121
마 24:36	61, 114
마 25:13	114
마 25:31-46	134
마 25:41	110, 130
마 25:41, 46	200
마 28:18-20	67
막 3:27	188
막 12:30	155
막 13:5-13, 21-37	61
막 13:5-22	99
막 13:6, 21-22	62
막 13:7	99
막 13:10	62
막 13:13, 19-20	62
막 13:19	101
막 13:20	101
막 13:21-22	79
막 13:21-23	93
막 13:24-25	63
막 13:24-26	138
막 13:24-27	114, 120, 255
막 13:26-27	124
막 13:31	121
막 13:32	49, 61, 114
막 13:33	114
막 16:15-16	67
눅 16:20-31	107, 109, 129
눅 16:29	109
눅 17:24	114
눅 18:8	110
눅 21:7-33	61
눅 21:8-17, 25-26	99
눅 21:9-10	99
눅 21:11-12	62
눅 21:25-26	102

눅 21:25-27	255	행 13:1-3; 16:1-3; 18:2-4, 24-27; 20:4	41
눅 21:25-28	120	행 13:1-28:31	66
눅 21:27	114	행 15:14-17	253
눅 23:43	106	행 15:16	212
눅 24:47	67	행 15:17	212
요 1:29, 36; 3:16	166	행 28:30-31	66
요 3:16	40, 41, 125, 134, 159	롬 1:3	127
요 3:16-18	53, 127	롬 1:16-17	40
요 5:24	187	롬 1:19-23	150
요 5:29	127	롬 1:32; 2:6	127
요 8:44	36, 168, 266	롬 4:24; 5:18-21; 6:23	128
요 8:56	251	롬 8:14-16	143
요 12:48	134	롬 8:15	164
요 14:16	164	롬 8:15-16	132
요 19:30	41	롬 8:17	39
행 1:7	114	롬 14:17	118, 172, 242
행 1:8	62	롬 15:23	66
행 1:11	120	고전 3:13-15	152
행 2:1-4	41	고전 11:26; 15:23	120
행 2:14-41	64	고전 12:3	143
행 2:21	64	고전 13:12	198
행 2:36	64	고전 15:28	50, 142, 159
행 2:41	64	고전 15:42-44	128
행 3:15-4:4	64	고전 15:42, 44-49, 51-53	129
행 5:42-6:1	65	고전 15:44	128
행 6:7	65	고전 15:51-53	129
행 7:54-60	65	고전 15:52-54	129
행 8:1-4	65	고후 3:18	142
행 8:5-17	65	고후 5:10	127
행 8:26-39	65	고후 5:21	128
행 9:1-30	66	고후 6:16	32
행 10:24-48	65	갈 1:4	128

갈 4:4-6	40, 163, 166, 248
갈 4:6	143, 164
엡 1:13-14; 4:30	143, 164
엡 2:20-22	142
엡 4:6	50, 155, 159
빌 1:13	66
빌 3:14	153
빌 3:20-21	129
빌 3:21	129
빌 4:22	66
골 1:14	128
골 3:11	50, 155
살전 4:14-15	120
살전 4:14-17	129
살전 5:1-8	88
살전 5:2-5	255
살전 5:2-8	170
살전 5:4-5	255
살후 1:10; 2:8	120
살후 2:1-3	88
살후 2:1-8	170
살후 2:1-12	63, 254
살후 2:2	119
살후 2:2-3	89
살후 2:3	90
살후 2:3-4	90
살후 2:3-8	94
살후 2:3-12	89, 258
살후 2:4	89, 94
살후 2:4-7	89
살후 2:8	89, 258
살후 2:9	258
딤전 6:14	120
딤후 4:1	120
딤후 4:8	153
히 7:18-24; 8:5-13; 9:9-12; 10:4-12	262
히 8:10	32
히 9:7-10:14	248
히 9:28	120
히 10:10-14	248
히 11:40	107, 251
벧전 2:10	32
벧후 3:4	119
벧후 3:13	50
요일 2:18-19, 22; 4:3	257
요일 2:18-22; 4:1-3	80
요일 2:18-22; 4:3	63
요일 2:18-23	78, 94
요일 2:25	41
요일 3:2	126, 129
요일 3:5	41, 128, 163
요일 4:1-3	78
요이 7	257
계 1:5-6; 5:9	41, 163
계 1:7	124
계 1:12-13	174
계 1:16	174
계 1:20	174
계 2:7	153
계 2:9; 3:9	95, 256, 266
계 2:10	177
계 3:1; 4:5; 5:6	178
계 4:4, 10; 5:8	178
계 4:5	174

계 4:11; 5:9-12; 22:3	43	계 19:7-9	176, 255
계 4:11; 5:9-13; 7:10-12	139	계 19:8	176
계 5:6	174	계 19:20; 20:10	94, 167, 168
계 5:9	42	계 19:20; 20:12-15; 22:12, 15	130
계 7:4; 14:1, 3	178	계 20:2-7	181
계 7:9	179	계 20:4-5	264
계 7:10-12; 14:7	160	계 20:6	264
계 7:14	96	계 20:7-8	196
계 8:1-9:13	179	계 20:9-10	264
계 9:16	99, 179	계 20:10	50, 160, 167
계 11:1-2	175	계 20:10; 22:3	50
계 11:2-3; 12:6; 13:5	180	계 20:11; 21:1, 5, 23-24	63
계 11:8	175	계 20:12	134
계 11:15	42, 110	계 20:13-15	167
계 12:3-4, 7, 9, 13	175	계 20:15	126, 136
계 12:14	180	계 21:1	139, 164
계 13:4	95, 96	계 21:1, 5, 8, 27	50
계 13:4-8	254	계 21:1-7, 22-27; 22:1-5	164
계 13:4-10, 13-14	96	계 21:2	139, 157, 162
계 13:6-8	95	계 21:2, 10	138
계 13:7	95	계 21:3	32, 43, 50, 54, 123, 125, 132, 135, 142, 159, 164
계 13:7-9	95	계 21:3-4, 7	139, 143
계 13:17	265	계 21:3-4, 7; 22:3-4	143
계 13:18	180	계 21:3-4, 10-24	164
계 14:1, 3	178	계 21:3-4; 22:3	50
계 15:6; 16:1	181	계 21:3-4; 22:3-5	134
계 16:14-16	256	계 21:3-7	50
계 16:16	99	계 21:3; 7:15; 22:3	43
계 17:1	176	계 21:3; 22:3-5	142
계 17:15-17	98	계 21:5	50, 115, 138, 155, 157
계 17:18	176	계 21:8	110, 166, 168
계 19:6-9	142		

계 21:22-23	139	계 22:2-5	135
계 21:23; 22:5	139	계 22:3	43, 147, 152
계 21:24	157	계 22:3-5	132, 139
계 21:26	157	계 22:3-5; 21:3, 7	132
계 22:1-2	146	계 22:4	144
계 22:1-3	43	계 22:5	147
계 22:2	146	계 22:20	120

라틴어와 다른 언어 용어 색인

Ad cuius adventum omnes homines resurgere habent cum corporibus suis	243
A Discourse on the End of the World and on Antichrist (A Discourse)	226, 229
Adversus Haereticos (AH)	91, 213, 220
apocalypsis Baruch	205
apocrypha	205
Aristion	214
Augustinus	118, 171, 186
Ausdruck Gott	80
Barth (Karl)	83
2 Baruch	29, 205, 206, 207, 208
Bockelson (Jan)	245
Bultmann (Rudolf)	86
Calvin (John)	172, 199
Commentary On Proverbs (On Proverbs)	226
Commentary On the Psalms (On the Psalms)	225
Concilium Constantinopolitanum	185
Confessio Augustana (CA)	201, 244
Confessio Belgica	203
Confessio Fidei Westmonasteriensis	203, 245
Confessio Helvetica Posterior	202, 244
Conscience	250
consilium creationis	32
Constitutio dogmatica de ecclesia, De populo Dei	75, 97
Consummatio Consilii Creationis	1
cuius regni non erit finis	181, 186
Cullmann (Oscar)	67
Darby (J. N.)	250
De Christi Reditu ad Judicium	202
de Civitate Dei	186, 187, 188, 189, 190, 191, 192
deificatio	144
de Principiis	161, 162, 182, 183, 184, 185
der Christliche Glaube (CG)	70, 71, 81

Der Gekreuzigte Gott	74	Innocence	250
De ultimo judicio	204	Institutio	92, 199, 200, 201, 236, 237, 239, 242
Deus absconditus	84		
Dialogus cum Trypho	219, 220	Ioustinos, Justine	219
Die Christliche Lehre von der Rechtfertigung und Versöhnung (Rechtfertigung und Versöhnung)	82	Islam	98
		Jesus Christ and Mythology	86
		Joachim of Floris	244
		Kant	69
Dispensationalism	173, 246, 250	Kerinthos, Cerinthus	216
dispensations	250	Kerygma and Myth	86
Divinae Institutiones	236, 237, 239, 242	Kirchliche Dogmatik (KD)	72, 83
Eben dies ist nun vorzüglich gemeint mit der Formel	81	Kreis	74
		Lactantius	235
Eirenaios, Irenaeus	171, 220	Law	251
Elucidations	225	Limbus infantium	108
epistula	218, 219	Limbus Patrum	107
eschaton	57	Loci Communes	199
Eusebios	214, 217	Lucifer	88, 228
4 Ezra	29, 205, 208, 209, 210, 211	Lucifer, Christus est Filius tuus	88
facturam	224	lumen speciale	144
Fragments	213, 214, 215, 216	Luther (Martin)	172, 195
Grace	251	Melanchton	199
Greijdanus (S.)	180	Metreta, Metretes	214
Grundkurs des Glaubens (Grundkurs)	75, 87	Moltmann (Jürgen)	120
		Münster	172
Heidelberg Catechismus	203	Origenes	160, 171, 182
Hilfsbuch zum Studium der Dogmatik (Hilfsbuch)	196, 198	οὐ της βασιλείας ουκ εσται τέλος.	186
Hippolytos	225, 227	Papias, Fragments	214, 215
Hirsch (Emanuel)	196, 198	plasma	225
Historia Ecclesiae (HE)	214, 217	Plymouth Brethren	246, 250
Human Government	250	Postmillennialismus	173

Praemillennialismus	173	Summa Theologica	107
Promise	251	Symbolum Athanasianum, Symbolum Quicumque	243
proton	57		
pseudepigrapha	205	Symbolum Constantinopolitanum	185
purgatorium	106	Systematic Theology (ST)	73, 85
Rahner (Karl)	75, 86	the Black One	219
regnum Christi	193	the Kingdom-the Millennium	251
Ritschl (Albrecht)	82	the self-contained God	81
Sabelios	81	The Seven Dispensations	250
saga	72	Thomas (Aquinas)	107
Satan	167	Tillich (Paul)	85
schlechthinniges Abhängigkeitsgefühl	70	Tischreden	92, 93
		Treatise on Christ and Antichrist (Treatise)	226
Schleiermacher (Friedrich, F.)	70, 80		
Scofield Reference Bible	250	Trypho	213, 219, 220
Scofield (Syrus Ingerson)	250	und also der Ausdruck Gott eine Vorstellung voraussetzt	80
sharia	98		
simulation	191	Vaticanum II	87, 97
So ließ er ganz mit allen Anderen mit Wasser taufen	84	visio Dei	193
		visio Dei essentialis	144
subsistentia, Seinsweise	72	Weimar Ausgabe	198
Summa Contra Gentiles (Contra Gentiles)	193, 195	World Council of Churches	93